MARCO ✦ POLO

Reisen mit **Insider Tipps**

DANZIG

Berlin
Warschau
POLEN
DEUTSCHLAND
Breslau
Krakau
Frankfurt a.M.
TSCHECHIEN
SLOWAKEI
München
Wien
ÖSTERREICH **UNGARN**

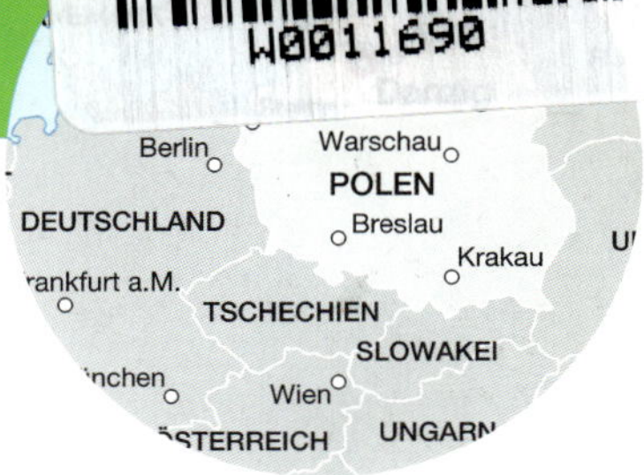

MARCO POLO Autoren
Katarzyna Tuszyńska & Thoralf Plath

Katarzyna Tuszyńska ist gebürtige Danzigerin und betreibt dort eine Medienagentur (www.medien fabrik.pl). Sie arbeitet für mehrere deutsche Print-, Radio- und Fernsehmagazine.
Thoralf Plath, gebürtiger Rüganer, arbeitet als Korrespondent für die dpa und deutsche Printmedien im Baltikum und an der polnischen Ostseeküste, darum fährt er oft und regelmäßig nach Danzig.

www.marcopolo.de/danzig

SYMBOLE

INSIDER TIPP Insider-Tipp

★ Highlight

●●●● Best of ...

🔆 Schöne Aussicht

🌿 Grün & fair: für ökologische oder faire Aspekte

(*) kostenpflichtige Telefonnummer

PREISKATEGORIEN HOTELS

€€€ über 100 Euro

€€ 75–100 Euro

€ bis 75 Euro

Die Preise gelten für zwei Personen im Doppelzimmer (nicht immer mit Frühstück)

PREISKATEGORIEN RESTAURANTS

€€€ über 30 Euro

€€ 20–30 Euro

€ bis 20 Euro

Die Preise gelten für ein Essen mit Vorspeise, Hauptgericht und Dessert

Titelthemen: Bernstein-Altar in der Brigittenkirche S. 45 | Polens längste Seebrücke in Sopot S. 54

INHALT

Einkaufen → S. 68

Am Abend → S. 74

Übernachten → S. 82

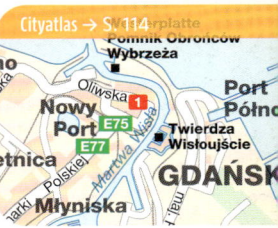
Cityatlas → S. 114

KARTEN IM BAND
(116 A1) Seitenzahlen und Koordinaten verweisen auf den Cityatlas, die Stadtteilpläne und die Umgebungskarte Danzig

(U A1) Koordinaten verweisen auf den Plan auf dem hinteren Umschlag

Es sind auch die Objekte mit Koordinaten versehen, die nicht im Cityatlas stehen

**UMSCHLAG HINTEN:
FALTKARTE ZUM
HERAUSNEHMEN →**

Einen Liniennetzplan der öffentlichen Verkehrsmittel finden Sie im hinteren Umschlag

FALTKARTE
(A1) verweist auf die herausnehmbare Faltkarte

Die besten MARCO POLO Insider-Tipps

Von allen Insider-Tipps finden Sie hier die 15 besten

INSIDER TIPP **Die Solidarność-Legende live erleben**
Im dritten Stock des Grünen Tors residiert der polnische Expräsident Lech Wałęsa. Seine große Zeit ist vorbei, doch in Danzig genießt er immer noch Kultstatus → S. 35

INSIDER TIPP **Chorgesang und Orgelkonzert**
Berührende Musik können Sie sonntags nach der Messe im ältesten Sakralbau Danzigs, der Nikolaikirche, erleben. Die Orgel klingt, als sei sie für den Himmel gestimmt → S. 41

INSIDER TIPP **Fisch vom Feinsten**
Die in Petersilie gebackene Forelle im Czerwone Drzwi ist für Liebhaber von Flossentieren ein kulinarischer Höhepunkt → S. 63

INSIDER TIPP **Bunte Durstlöscher**
Ob mit oder ohne Alkohol – die Cocktail-Auswahl in der Coctail Bar Max ist so bunt wie ideenreich → S. 76

INSIDER TIPP **Ein Altar aus Ostseegold**
Der tonnenschwere Altar in der Brigittenkirche wird ein Meisterstück. Hier wächst eine emporstrebende Lilie – komplett aus Bernstein gefertigt (Foto re.) → S. 45

INSIDER TIPP **Bar Pod Rybą**
Das Lokal heißt „Bar unter dem Fisch", obwohl es hier in erster Linie Kartoffelspezialitäten gibt – inklusive der besten Kartoffelpuffer von Danzig! → S. 65

INSIDER TIPP **Geschenkideen mit Herz**
Die typischen Andenken von Cepelia werden Sie noch lange an Ihren Besuch in Danzig erinnern. Hier gibt es Kunsthandwerk aus (fast) ganz Polen → S. 73

INSIDER TIPP **Bei Kinski zu Hause**
Lebhaft diskutieren bei einem Cuba Libre im Geburtshaus von Klaus Kinski in Sopot. Die Galeria Kiński widmet sich ganz und gar dem Filmgenie mit dem irrlichternden Blick (Foto o.) → S. 79

INSIDER TIPP Tankstelle de luxe

Statt Benzin bekommen Sie im Pub Stacja de luxe mit seiner originellen Einrichtung alle möglichen trinkbaren Flüssigkeiten und leckeres Essen dazu → S. 79

INSIDER TIPP Nah der Mole wohnen

Die Zimmer im Hostel Słoneczny Patrol in Sopot sind nicht nur günstig, sondern liegen auch strandnah → S. 89

INSIDER TIPP XL-Bett mit Mottlaublick

Nicht nur die Betten sind hier von wahrhaft hanseatischem Maß, auch der Blick aus dem Fenster macht jeden Danzig-Morgen perfekt: Das Hotel Hanza liegt mitten in der Altstadt und direkt an der Mottlau → S. 84

INSIDER TIPP Wo der Krieg begann

Im ehemaligen Wachhaus auf der Westerplatte wird die Erinnerung an den Beginn des Zweiten Weltkriegs und eine schreckliche Zeit wachgehalten → S. 91

INSIDER TIPP Klassik im Grünen

Der wunderschöne Oliwski-Park, einst von Zisterziensermönchen angelegt, bildet heute im Sommer den Rahmen für bezaubernde Klassik-Konzerte. Chopin und Danzig – nirgends kommen sich beide so nahe → S. 92

INSIDER TIPP Wind- und Kitesurferparadies

In der Pucka-Bucht können Sie sich in diesen aufregenden Wassersportarten ausprobieren. Für manchen war das schon der Beginn einer neuen Leidenschaft! Die Trainer haben es richtig drauf und zeigen, wie man übers Wasser fliegt → S. 57

INSIDER TIPP Altar der Literaturgeschichte

In der neugotischen Herz-Jesu-Kirche im Stadtteil Wrzeszcz steht immer noch der Marienaltar, dem Günter Grass in der Blechtrommel ein literarisches Denkmal setzte → S. 95

BEST OF ...

TOLLE ORTE ZUM NULLTARIF
Neues entdecken und den Geldbeutel schonen

SPAREN

● *Moderne Kunst in der Kirche*
Der Pfarrer der gotischen *Johanneskirche* hat ein Faible für die Künste – die Ausstellungen in dem Gotteshaus waren schon oft Stadtgespräch. Anschauen kostet nichts, und wem es gefällt, der spendet was → S. 35

● *Kultur auf der Werft*
Auf dem Gelände der Lenin-Werft, wo einst die Solidarność-Bewegung ihren Anfang nahm, hat eine junge Kulturszene Wurzeln geschlagen. Viele der kreativen Kunstprojekte kann man kostenlos besichtigen, so die Veranstaltungen des Instituts *„Die Insel"* → S. 80

● *Museum umsonst*
Die *Polnische Post,* Symbol für den Ausbruch des Zweiten Weltkriegs, ist heute Museum und Gedenkstätte. Am Dienstag ist der Eintritt frei. Auch andere Museen Danzigs bieten solche Frei-Tage, da lohnt sich ein aktueller Blick auf Öffnungszeiten und Eintrittspreise → S. 49

● *Tanzen für die Hälfte*
In vielen Diskos und Klubs haben Frauen freien Eintritt, zum Beispiel in das *Soho Sopot.* Da kostet es paarweise schon mal nur noch die Hälfte (Foto) → S. 81

● *Überraschung in der Markthalle*
Im Keller der *Markthalle* sind hinter einer Glaswand die ältesten Steine Danzigs zu bestaunen: Fundamente des Dominikanerklosters, das hier einst stand. In Duftwolken frisch geräucherter Salami von den Wurstständen des Markts gehüllt, erklären Infotafeln den Ort – eine kostenlose Geschichtsstunde → S. 41

● *Danziger Zeitzeichen*
Ein kleines Museum im Turm der *Katharinenkirche* gewährt den alten Kirchturmuhren Danzigs Asyl. Außerdem ist das berühmte Glockenspiel aus nächster Nähe zu sehen. Die Aussicht vom Turm schließlich ist auch nicht ohne – und das alles für die Mühe des Treppensteigens und den eher symbolischen Obolus von 2 Zł. → S. 48

●●●● Diese Punkte zeichnen in den folgenden Kapiteln die Best-of-Hinweise aus

● **Königliche Kaufmannshäuser**
Giebel an Giebel säumen prachtvolle Kaufmannshäuser den Königsweg durch die Rechtstadt, der
Begriff „Gasse" führt leicht in die Irre! Einige
der Patrizierpaläste kann man auch innen
besichtigen, das *Uphagenhaus* ist das
schönste von allen → S. 39

● **Backsteingotik**
Wie ein Fels in der Brandung überragt
die *Marienkirche* das Häusermeer der
Rechtstadt. Das Gotteshaus bietet 25 000
Menschen Platz, etwas Größeres hat die
Backsteingotik der Welt nicht hinterlassen.
Ein Turmaufstieg krönt den Besuch → S. 40

● **Krieg und Frieden**
Mit dem Beschuss der Küstenfestung *Westerplatte* begann 1939 der Zweite Weltkrieg. Die Gedenkstätte auf der
Halbinsel trägt schwer an ihrer Geschichte. Wer mit dem Schiff hinfährt,
erlebt Danzig als Seestadt → S. 53, S. 90

● **Brillanten der Ostsee**
Danzig hat seit jeher die besten Bernsteinjuweliere an der Ostsee. Sie
bieten das Gold der Ostsee in zahllosen Läden feil, doch wenn es um
modernes Design geht, schlägt das *Baltic Stone* sie alle (Foto) → S. 70

● **Gold im Wasser**
Danzigs berühmten Likör, das Goldwasser, sollten Sie wenigstens
einmal dort probieren, wo er einst erfunden wurde. Das Nobellokal
„Unter dem Lachs" ist längst selbst eine Legende, hier speisen Sie sozu-
sagen im Artushof der Danziger Gastronomie → S. 62

● **Ein Hauch Alt-Danzig**
Der Langgasse die Pracht, der *Frauengasse* die Anmut: Von allen Straßen der Rechtstadt gilt sie als die schönste. Selbst die allgegenwärti-
gen Straßenmusiker spielen hier lieblicher. Links und rechts locken
Kunsthandwerksläden und Cafés → S. 32

● **Zu Fuß aufs Meer**
In Danzigs feinem Strandbad Sopot endet die Hauptstraße mitten auf
der Ostsee. Stolze 512 m misst die längste hölzerne *Seebrücke* Europas,
im Sommer ein Laufsteg der Schönen → S. 55

TYPISCH

BEST OF ...

SCHÖN, AUCH WENN ES REGNET
Aktivitäten, die Laune machen

● **Der Saal der Säle**
Seit über 600 Jahren krönt der *Artushof* den Langen Markt. Einst tagten und betranken sich die Hansekaufleute in dem Prachtbau, vor dem heute die Besucher anstehen, um Danzigs schönsten Festsaal zu bestaunen (Foto) → S. 29

● **Nur echt im Nationalmuseum**
Allein Hans Memlings berühmtes Triptychon „Das Jüngste Gericht" lohnt den Besuch des *Nationalmuseums,* denn hier und nicht in St. Marien hängt das Original → S. 51

● **Danziger Reinheitsgebot**
Das Bier kommt frisch aus eigenen Braukesseln im Keller, das alte Gemäuer hat urigen Charme, der Blick auf Yachthafen und Krantor hält jedem Wetter stand: In der Brauereikneipe *Browarnia* übersteht man auch längere Schauer gut → S. 60

● **Grüße aus der Urzeit**
Im Stockturm, dem Kerker der Rechtstadt, lädt heute das *Bernsteinmuseum* zur Reise in die Wunderwelt des Ostseegoldes ein, und so manches der über 5000 Stücke konserviert eine Fracht aus ferner Urzeit: Jurassic Park lässt grüßen → S. 43

● **Schwimmendes Museum**
Polens größte Sammlung maritimer Kultur dürfte nicht nur Seeleute begeistern. Zur Ausstellung des *Meeresmuseums* auf der Bleihofinsel gehört ein komplettes Frachtschiff, und auch das berühmte Krantor öffnet als Filiale die Tür zu seinen gewaltigen Treträdern → S. 32

● **Sport verbindet**
Gdynias Basketballteam „*Asseco Prokom*" zählt zu den besten in Europa. Jedes Heimspiel ist ein Kracher, die Stimmung reißt mit. Polnisch muss man hier nicht können: Sport versteht jeder → S. 53

REGEN

ENTSPANNT ZURÜCKLEHNEN
Durchatmen, genießen und verwöhnen lassen

● **Chill-out**
Wer müde ist von all der Baukunst oder einfach nach einem langen Danzig-Tag Entspannung sucht, findet in diesem Klub den richtigen Ort. Musik, Drinks, das Publikum: Hier ist alles auf *Come in & Chill out* eingestellt. Wie der Name schon sagt → **S. 76**

● **Schiffsfahrt**
Wie wäre es mit einer Seereise? Von der *Langen Brücke* legen täglich Ausflugsdampfer zu kleinen und längeren Törns ab; wer es richtig entspannt haben will, bucht am Fischmarkt eine Seefahrt hinüber zur Halbinsel Hel oder nach Sopot → **S. 32, S. 38**

● **Ruhe im Park**
Danzigs ältester Stadtteil Oliwa birgt einen Schatz: den alten Klostergarten der Zisterzienser. In dem weiten Landschaftspark kommt die Zeit zur Ruhe, eine wunderbare Oase zum Relaxen und Gegenstück zur überlaufenen Altstadt. Im Sommer gibt's hier im *Oliwski-Park* regelmäßig Klassikkonzerte – Balsam für die Seele (Foto) → **S. 92**

● **Kaffeehaus-Gemütlichkeit**
Wer es sich im *Cafe Ferber* erst einmal in einem der roten Sofas gemütlich gemacht hat, wird das behagliche Café so bald nicht mehr verlassen. Die Eierkuchen, hauchzart nach polnischem Rezept, steigern den Wohlfühleffekt enorm → **S. 59**

● **Wohlfühl-Oase**
Es liegt etwas abseits, doch der Ausflug lohnt. Im Spa *Dwor Oliwski* wartet vom Pool bis zum Jacuzzi eine ganze Wohlfühllandschaft auf Gäste, die Entspannung suchen – und hier auch ganz sicher finden werden → **S. 47**

● **Strand? Hel!**
Fragt man einen Danziger nach dem schönsten Strand in der Umgebung, wird er ohne Zögern die *Halbinsel Hel* empfehlen. Ob nun die Badeorte Jastarnia oder Jurata: Entspanntes Plätschern in der Ostsee und Badespaß sind hier garantiert → **S. 56**

AUFTAKT

ENTDECKEN SIE DANZIG!

Danzig (Gdańsk) ist keine Stadt normaler Maßstäbe. Hier hat Weltgeschichte ihren Anfang genommen. Einmal als im Morgengrauen des 1. September 1939 das deutsche Kriegsschiff „Schleswig-Holstein" die Westerplatte unter Beschuss nahm und damit den Zweiten Weltkrieg auslöste. Zuletzt als 1980 ein kleiner, schnauzbärtiger Elektriker namens Lech Wałęsa während eines Streiks über die Mauer der Lenin-Werft kletterte und von dort aus als Anführer der Gewerkschaft Solidarność zuerst das polnische Regime und in der Folge das gewaltige sowjetische Imperium zum Einsturz brachte.

Alles scheint Geschichte in dieser Stadt, die lange gebraucht hat, um mit der eigenen, von Brüchen geprägten, oft verwirrenden Vergangenheit umzugehen. So blieb es einem Deutschen überlassen, Danzig auf geniale Art zu charakterisieren. Die Bücher von Günter Grass wurden zunächst mit Argwohn aufgenommen. Er stöberte hinter der blendenden Schönheit Danzigs und machte Weltliteratur daraus. Inzwischen wird der kantige Nobelpreisträger als großer Sohn der Stadt angenommen und bewundert.

Bild: Danzig mit der Marienkirche

Es ist eine in eintausend Jahren erlernte Fähigkeit der Bewohner von Danzig, mit Veränderungen umzugehen, Neues in sich aufzunehmen und weiterzuentwickeln. Sie sind geprägt von einer Toleranz, die das Leben in einer blühenden Handelsstadt über Jahrhunderte bestimmte, in der Deutsche, Polen, Kaschuben und Einwanderer aus unzähligen Ländern wohnten. Diese Weltoffenheit trug reiche Früchte in Kultur, Wissenschaft und Kunst, die noch heute nicht nur in den Museen, Kirchen und Galerien der Stadt zu bewundern sind.

Unübersehbar: das Erbe der Hanse

Seine Bedeutung als Handelsstadt hat Danzig nicht verloren. Zugpferd des Arbeitsmarkts ist allerdings der Tourismus. Danzig ist wegen seiner Lage und der architektonischen Einzigartigkeit unverzichtbarer Bestandteil einer Reise durch Polen. Unübersehbar dabei: das steinerne Erbe der Hanse. Die reich verzierten Bürgerhäuser und öffentlichen Gebäude im Stil des flandrischen Manierismus verleihen der Stadt einen liebenswerten Charme. Kaum zu glauben, dass Danzig 1945 fast völlig in Trümmern lag. Wie die Stadt damals ausgesehen hat, lässt ein Blick auf die Speicherinsel erahnen, wo noch heute überwucherte Ruinen stehen.

Nach dem Krieg machten sich die Bewohner mit viel Liebe zum Detail daran, den historischen Kern Danzigs wieder aufzubauen. Mehr als 600 Häuser rekonstruierten die Meister der polnischen Restauratorenschule nach alten Stichen und Fotos, originalgetreu bis ins Detail. So verströmt der Lange Markt heute wieder das Flair früherer Jahrhunderte, als dort die wohlhabenden Kaufleute residierten. Allerdings beschränkte sich die Renaissance des „historischen Gdańsk" auf die Rechtstadt. In

Auch das ist Danzig: Im grünen Stadtteil Oliwa liegt das noble Hotel Dwór Oliwski

der benachbarten Alt- und Vorstadt restaurierte man nur einige bedeutende Gebäude. Diese lange vernachlässigten Stadtteile werden ihr Gesicht in den nächsten Jahren sehr verändern, an vielen Ecken und Enden wird hier bereits gebaut, saniert, modernisiert. Teile der Speicherinsel sollen in einem Mix aus historisierenden und modernen Elementen revitalisiert werden, die Hamburger Speicherstadt lässt grüßen

Danzig steckt in einem rasanten Wandel. In der Rechtstadt, diesem Stein gewordenen Architekturmuseum, ist davon naturgemäß nicht viel zu spüren. In Wrzeszcz umso mehr. Ursprünglich waren es vor allem die Studenten, Kreative und (Lebens-)Künstler, die wegen der billigen Wohnungen in den etwas angegrauten Kleinbürgerstadtteil zogen. Sie machten aus Wrzeszcz so etwas wie das Kreuzberg Danzigs, ein Szeneviertel, das mittlerweile richtig angesagt ist. Nun rollt die nächste Welle: Die Verwaltung lässt Wrzeszcz mit viel EU-Geld aufpeppen, eine Straße nach der anderen wird saniert. Aus dem grauen Entlein Langfuhr, wo Günter Grass aufwuchs und

> **Wrzeszcz wird Danzigs neuer Vorzeigestadtteil**

später auch sein großer kleiner Romanheld Oskar Mazerath nebst Blechtrommel, soll Danzigs neuer Vorzeigestadtteil werden.

In fast erschütterndem Kontrast zur herausgeputzten Rechtstadt stehen die Stadtteile, die in den 1950er- und -60er-Jahren am Reißbrett entstanden und in aller Eile hochgezogen worden sind. Wohnungen mussten her für die Tausende Arbeiter, die jeden Tag auf der Lenin-Werft Schiffe zusammenschweißten. Zaspa ist so ein Viertel, Plattenbau reiht sich an Plattenbau. Doch auch diese Hässlichkeit ist von einer ganz

eigenen Kreativität in Besitz genommen worden. Viele Wände der Hochhäuser in dieser monotonen Siedlung sind mit gigantischen Wandmalereien versehen: spektakuläre Gemälde, furiose Farbmischungen. An dem Haus, in dem Lech Wałęsa einst wohnte, prangt ein riesiges, pixeliges Wałęsa-Antlitz: Je weiter man sich entfernt, desto deutlicher wird es. In Zaspa wohnen die Menschen in einer trostlosen Umgebung und doch inmitten eines großen Freiluftmuseums.

Diese heimliche Lust, Autoritäten nicht ganz ernst zu nehmen, ihnen ein Schnippchen zu schlagen, scheinen die Menschen in Danzig in ihren Genen zu haben. Vor mehr als 1000 Jahren musste der böhmische Bischof Adalbert diesen rebellischen Wesenszug der Bewohner des Küstenstreifens noch mit dem Leben bezahlen. Der Gottesmann schipperte über die Danziger Bucht, stieg bei „Gyddanycz" vom Boot und begann, die Leute zu taufen. Nicht alle dankten ihm seinen missionarischen Eifer – schon bald wurde ihm der Kopf abgeschlagen. Sein Märtyrertod wurde später von einem Benediktinermönch beschrieben, und dieses Dokument gilt heute als „Geburtsurkunde" der Stadt. Kein Wunder also, dass diese Stadt einen Revolutionär wie Lech Wałęsa hervorbrachte, der die Stirn hatte, sich gegen ein ganzes politisches System zu stellen. Nachdem er als Präsident Polens zu höchsten Ehren gekommen war, sank allerdings sein Stern beim Volk. Heute schimpfen die meisten Danziger über Wałęsa, er sei ein schlechter Staatsmann gewesen und außerdem ein miserabler Elektriker.

Statt Lenin-Werft heißt es nun Młode Miasto – „Junge Stadt"

Fast tragisch mutet es an, dass nach dem Fall des Eisernen Vorhangs ausgerechnet der Lenin-Werft, der Keimzelle der Freiheitsbewegung, die Lichter ausgingen. Zu groß, zu schwerfällig, nicht überlebensfähig gegen die Konkurrenz aus Asien, lautete das Urteil der Konkursverwalter. Zuerst konnte sich kaum jemand die Stadt ohne ihre dominierende Werft vorstellen. Schließlich erkannten die Menschen aber, dass es keinen Sinn hat, sich gegen das Schicksal zu stemmen, und nahmen die Gestaltung der Zukunft mit beiden Händen in Angriff. Die Werft wurde aufgeteilt, verkauft, und auf einem Teil des Geländes soll ein neuer Stadtteil entstehen, mit Apartments, Einkaufszentren, Hotels. „Młode Miasto", junge Stadt, soll er heißen.

In den Nachkriegsjahrzehnten ist Gdańsk, wie die Stadt seit 1945 polnisch amtlich heißt, mit seinen Nachbarn Gdynia (Gdingen) und Sopot (Zoppot) zu einem großen urbanen Zentrum zusammengewachsen. Fast 50 km zieht sich „Trojmiasto", die Dreistadt, an der Westseite der Danziger Bucht hin, mit inzwischen 800 000 Ew. die dominierende Metropole der polnischen Ostseeküste. Ungleiche Geschwister sind sie geblieben, die „Drei-Städte": Ganz im Norden Gdynia, Industriehafen und Wirtschaftszentrum, Heimat der Handelsflotte. In der kleinen, wenig schönen Schwester Danzigs verschlossen die Menschen lange die Augen vor der Notwendigkeit, ihre Stadt fit zu machen für die Zukunft, neue Lebenswelten und -ansprüche. Die Arbeiter streikten, trugen Transparente bis vor das Europaparlament in Straßburg, doch helfen konnte ihnen keiner. Wer wollte diesen hart arbeitenden Leuten einen Vorwurf machen? Gdingen kann nicht mit seinen Pfunden wuchern. Kein schöner Stadtkern lockt Touristen, einzig der kilometerlange Strand ist im Sommer Ziel der Sonnenhungrigen.

Zoppot, die dritte Stadt an der Küste, ist ein Seebad, das sich den mondänen Glanz früherer Tage zurückerobert. Dort flanieren die Schönen und Reichen auf dem berühmten Seesteg auf und ab. Es zählt zu den fast herrschaftlichen Genüssen, nach einem Strandspaziergang seinen Kaffee auf der Terrasse des stilvollen Grand Hotels zu nehmen. Ehrgeizige Pläne für die Zukunft sind bereits geschmiedet. Wie die aussehen soll, davon zeugt das reichlich wuchtig geratene Sheraton-Hotel am Fuß der Mole. Es bietet alles für Touristen auf der Suche nach Fünf-Sterne-Luxus. Wer will, kann also mit Boot, Zug oder Auto in der Trojmiasto an einem Tag drei Welten erleben, die unterschiedlicher nicht sein könnten und doch auf ihre Weise zusammengehören. Auch das gehört zum Reiz einer Reise nach Danzig.

Langer Markt: Zu Füßen des Rechtstädtischen Rathauses prunkt der berühmte Neptunbrunnen

Ein weiterer: In Danzig verschmelzen deutsche und polnische Geschichtsfäden. Das lässt sich noch heute an den Eingängen vieler historischer Bauten ablesen. Drei Wappen prangen dort: der polnische Adler, das königlich-preußische und das Wappen der Freien Stadt Danzig. Den Bürgern der Stadt waren die verschiedenen Hoheiten viele Jahrhunderte lang eher egal. Sie fühlten sich vor allem als Danziger. Selbstbewusst und weltoffen präsentiert sich Danzig, die Perle der Ostsee, heute. Der Sozialismus und die schwere Krise seiner Überwindung: Geschichte. Man gehört zur EU, zu Europa ohnehin seit jeher. Auch der Geist der Freien Stadt wird in Danzig wieder gern beschworen – so vom Bürgermeister, der durchsetzte, dass auch der alte Name der Stadt wieder offiziell verwendet werden darf und nicht mehr nur Gdańsk.

Das weltoffene Danzig – die Perle der Ostsee

Seinen Besuchern hat Danzig viel zu bieten. Nicht nur Baukunst und Geschichte, auch Kultur. Ob Musiksommer der Philharmonie, Shakespeare-Festival, Jazzfest oder der seit dem 13. Jh. alljährlich Anfang August veranstaltete Dominikanermarkt: Danzig ist das ganze Jahr über Bühne für viele hochkarätige Kulturevents. Sich in Danzig wohlzufühlen, fällt nicht schwer. Gäste waren dieser tausend Jahre alten und doch in vielem so jung wirkenden Stadt schließlich schon immer willkommen. Ganz dem Spruch über dem Triumphbogen des Goldenen Tors gemäß, durch das schon die Könige die Rechtstadt betraten: „Es möge wohl gehen denen, die dich lieben".

IM TREND

1 Party People

Hoch das Bein! Tanzen Sie den Zumba? Das Work-out verbindet Choreografien und Konditionstraining und macht so viel Spaß, dass es sogar Zumba-Partys gibt. Barbara Materka, Sanra Kupc und Adriana Stachewicz alias die *Salsa Kings* organisieren solche Tanzevents in Danzig *(Śląska 53)*. Anfänger besuchen erst mal Joanna Szanks Kurse im *Calypso Fitness Club (Obrońców Wybrzeża 1)*. Fortgeschrittene gehen zu *Dancefusion*. Dort werden zusätzlich zum traditionellen Zumba noch die Varianten Zumbatomic für Kids und das besonders figurformende Zumba Toning angeboten *(Hynka 69)*.

Abtauchen

2

Sight-Diving Unter der Wasseroberfläche warten noch mehr Sehenswürdigkeiten auf Besucher. Historische Segelboote und moderne Tanker sind vor Danzigs Küste gesunken – und mit ihnen angeblich auch das Bernsteinzimmer. Bei der Suche danach helfen das Tauchzentrum *Ticada (Janka Wiśniewskiego 26, Gdynia)* oder die *Szkola Nurkowania (Kopernika 71, Gdynia)*. Das ganze Jahr über bietet das *Tryton Center* Tauchkurse für Einsteiger an *(Pniewskiego 7/1)*.

3 Schnell und lecker

Danzig zum Anbeißen An der Bar bestellt man heute nicht mehr nur Drinks. Seit die Cupcake Bar *Fajne Baby* eröffnet hat, sind die Zuckermäuler Danzigs ganz verrückt nach den Miniküchlein *(Świętojańska 70/71)*. Sie mögen es lieber herzhaft? Dann sind die ausgefallenen Kreationen von *Original Burger* das Richtige für Sie. Wie wäre es zum Beispiel mit einem Pesto-Mozzarella-Burger, oder steht Ihnen der Sinn eher nach geräuchertem Kabeljau *(Dluga 47–49, Foto)*?

Crossover

Musikalscher Mischmasch In Danzig kommt zusammen, was nicht zusammenzupassen scheint. Elektro- und Ethnomusik, Rock und Trance? Ja, gerne. Vorreiter dieser gewagten, aber guten Crossover-Abende sind die Danziger *Pink Freud*. Bei ihren Konzerten stehen regelmäßig genrefremde Gäste und DJs auf der Bühne *(www.myspace.com/pinkfreudmusic)*. Experimentelle Konzerte, Lichtinstallationen und Performances gibt es im Klub *Muzyczny Ucho* zu sehen *(Św. Piotra 2, Gdynia, www.ucho.com.pl, Foto)*. Experimente wagen die Nu-Jazzer schon länger. Eine der Genre-Größen der Stadt ist *Tymon Tymański* mit seinem *Yass Ensemble (www.tymanski.com)*.

Künstliche Welt

Alltag war gestern Danzigs Kunstszene spielt sich nicht im Verborgenen ab und konzentriert sich nicht nur auf Museen und schicke Galerien. Die kreative Ader der Stadt blitzt an allen Ecken und Enden auf. Beim Spaziergang durch die Hafenstadt stoßen Sie immer wieder auf Werke von Straßenkünstlern, die mit Spraydose oder Schablonen arbeiten. Die Avantgardekünstler von *PGR Art* verwandeln Unterführungen, die Ladeflächen von Lkws oder ganze Wände in Kunstwerke *(www.youtube.com/user/PGRART)* Einen Besuch wert ist die *Outdoor Gallery*. Die witterungsbeständigen Wandgemälde, Skulpturen und Co. sollten ursprünglich das Viertel Dolne Miasto aufwerten, heute sind sie eine geschätzte Facette der Stadt *(Locations unter www.laznia.pl)*. Mariusz Waras alias *M-City* aus Gdynia will mit seiner großflächigen Kunst ebenfalls seine Heimat verschönern *(Locations unter www.m-city.org, Foto)*.

STICHWORTE

BACKSTEINGOTIK

Sie prägen bis heute alle großen Ostseestädte von Lübeck bis Tallinn: mächtige gotische Hallenkirchen, mit ihren wuchtigen Türmen, den Stern- und Kreuzrippengewölben und den aufstrebenden Spitzbögen wie für die Ewigkeit gebaut. Kaufleute und Kolonisatoren brachten die Backsteingotik im späten 12. Jh. mit in die slawischen Gebiete östlich der Elbe, sie wurde zum typischen Baustil des mittelalterlichen norddeutschen Kulturraums. Vor allem in den jungen, nach Macht strebenden Städten des Hansebunds lösten rotgebrannte Ziegel das Holz als Baustoff für monumentale Architektur ab: Klöster und Kirchen, Türme und Mauern, Rat- und Bürgerhäuser wuchsen ebenso wie die Burgen des Deutschen Ordens in der strengen, stolzen Formensprache der Backsteingotik. In Danzig, damals die „Löwin der Hanse", hinterließ sie besonders imposante Spuren: die vier großen Kirchen der Alt- und der Rechtstadt, das Hohe Tor mit dem Stockturm, die Georgshalle, die Stadtmauer. Über allem thront die Marienkirche. Mehr als 150 Jahre brauchten die Baumeister, um dieses Gotteshaus zu errichten – in dem alle Bürger Danzigs Platz finden sollten. Bis heute gilt St. Marien mit seiner fast 5000 m² messenden Säulenhalle als größte gotische Backsteinkirche der Welt.

BERNSTEIN

Bernstein (polnisch: *bursztyn*) nennt man auch „das Gold der Ostsee", und da

Bild: Bootsanleger an der Mottlau, in der Mitte das Krantor

Bernstein, Hanse, Manierismus: Ein paar wichtige Begriffe, denen Sie in Danzig immer wieder begegnen werden

Danzig nicht nur an derselben, sondern auch an der historischen Bernsteinstraße liegt, gibt es die „Baltischen Brillanten" hier überall zu kaufen. Was vor 40–70 Mio. Jahren als Harz von den Kiefern des Tertiärs tropfte, zeigt sich heute in vielen verschiedenen Varianten: klar oder undurchsichtig; in Gelb- und Brauntönen, aber auch in Weiß oder mit Einschluss eines Insekts. Das Meer spült die Bernsteine hoch, und mit Glück finden Sie bei der richtigen Wind- und Wetterlage einen am Strand.

GENERATION JP2

In Polen ist oft von der „Generation JP2" die Rede, was für Generation Johannes Paul II. steht. Das Wirken des polnischen Papsts hat viele der heute um die 40-Jährigen in ihrer Sicht auf Welt und Werte geprägt. Der in einer tiefen Tradition wurzelnde Einfluss der katholischen Kirche auf die polnische Gesellschaft ist nach wie vor groß, führt aber zunehmend zu Konflikten und regelrechten Zerreißproben. Auf der einen Seite sind da die meist Älteren, sie halten an konservativen Traditionen und Normen fest. Hier haben auch die national gesinnten, radikalkatholischen Fundamentalisten ihre in letzter Zeit sogar wachsende Anhängerschaft – und im erzkonservativen Radio Marya ihre öffentliche Stimme, die

18 weitere Kräuter enthält, so viel zumindest ist mittlerweile bekannt. Am wichtigsten aber ist, dass genügend 22-karätige Blattgoldflocken drin schweben, sie erst machen aus dem Gewürzlikör das „Danziger Goldwasser".

Ein Gläschen Goldwasser in Ehren kann niemand verwehren – schon gar nicht in Danzig

gegen den Werteverfall in der modernen, liberalisierten Gesellschaft wettert.

Die Jugend sieht das anders. Hier ist die Meinung, dass die katholische Kirche zu viel Macht hat, besonders ausgeprägt. Nach aktuellen soziologischen Forschungen legen junge Polen in der Altersgruppe zwischen 24 und 34 Jahren keinen besonderen Wert mehr auf Religion und Kirche. Vatikan hin, Tradition her, für sie ist anderes wichtiger: Liebe, Wohlstand und materielles Glück.

GOLDWASSER

Die Rezeptur ist über 400 Jahre ein gut gehütetes Geheimnis geblieben – dass dieses 40-prozentige Altdanziger Herrengesöff neben Kardamom, Koriander, Wacholder, Kümmel und Zimt noch

Und wer hat's erfunden? Die Schweizer ausnahmsweise nicht. Der legendäre Likör geht auf den flandrischen Apotheker Ambrosius Vermoellen zurück, der 1598 in der Breitengasse die Destillerie „Lachs zu Danzig" gründete. Heute residiert dort unter gleichem Namen das bekannteste Restaurant der Rechtstadt. Natürlich serviert man hier nach dem Essen ein Gläschen Goldwasser. Auch wenn es seit dem Ende des Zweiten Weltkriegs gar nicht mehr aus Danzig kommt: Hergestellt wird der Traditionslikör heute in Deutschland, die Rechte liegen bei der Hardenberg-Wilthen AG.

Wie einst die Idee mit dem Blattgold entstand? Die moderne Kräuterlikörforschung bringt das mit der Tradition des Vergoldens in Verbindung, die Altdanziger Kunsthandwerker waren berühmt für ihre Meisterschaft darin. Vergolder tauchen den Pinsel in ein Glas mit Alkohol, bevor sie das Blattgold auftragen. Vielleicht war es der Anblick des flitternden „Wassers", der den Apotheker Vermoelen inspirierte. Vielleicht ist dies aber auch nur eine schöne Geschichte. Wohl bekomm's.

GÜNTER GRASS

Günter Grass wurde am 16. Oktober 1927 in Danzig geboren. Das Geburtshaus des Schriftstellers und Literaturnobelpreisträgers von 1999 steht in der ulica Lelewela im Danziger Stadtteil Wrzeszcz (Langfuhr). In seinem bekanntesten Roman „Die Blechtrommel" erzählt Grass die Geschichte von Oskar Matzerath vor, während und nach der Nazizeit, eines Jungen, der mit drei Jahren beschließt, nicht weiterzuwachsen. Danzig ist Schauplatz der Handlung. Auf dem Wybicki-Platz, in der Nähe des Geburtshauses von Grass, wurde vor wenigen Jahren eine Bank mit einer Oskar-Bronzestatue aufgestellt. In Danzig gibt es eine *Grass-Galerie (Ecke Szeroka/Grobla I | Di–So 11–17 Uhr | Eintritt frei | www.ggm.gda.pl)* sowie die Günter-Grass-Gesellschaft.

HANSE

Gegründet Mitte des 12. Jhs., war die Hanse ein loser Städtebund, der dem Schutz der wirtschaftlichen und kaufmännischen Interessen seiner Mitglieder diente. Gemeinsam konnte man seine Vorrechte gegenüber dem Ausland besser behaupten und stieg so zum mächtigsten Bündnis im Ostseeraum auf. Fast 200 Städte gehörten in ihrer Blütezeit zur Hanse, deren Hauptsitz ab 1356 Lübeck war. Danzig trat dem hanseatischen Bund 1361 bei und wurde eine der reichsten und bedeutendsten Hansestädte. Als im 16./17. Jh. neue Handels-

wege erschlossen wurden, begann der Niedergang der Hanse, und 1669 fand ihre letzte Bundesversammlung statt. Traditionen mit dem Gedanken der Völkerverständigung, kulturellem und wirtschaftlichem Austausch zu verbinden ist das Ziel der 1980 gegründeten „Neuen Hanse", der mittlerweile 114 Städte angehören. Höhepunkte sind die Hansetage, veranstaltet alljährlich in einer anderen Mitgliedsstadt. Die Hansestadt Danzig, der Neuen Hanse ebenfalls beigetreten, war 1997 Ausrichter dieses internationalen Volksfests und ist als hanseatischer Gastgeber das nächste Mal im Jahr 2024 dran. *www.hanse.org*

„JUNGE STADT"

Auf 73 ha des ehemaligen Geländes der Lenin-Werft wird inmitten der verrotteten Industriearchitektur gebaut: vor allem Büros und Wohnungen für Besserverdienende direkt am Wasser, ein Imax-Kino, ein riesiges Einkaufszentrum, eine Promenade. Vorbild für die *Młode Miasto (Junge Stadt)* sind die Londoner Docklands und die Hafencity Hamburg. Im alten Gebäude der Werftleitung hat das *Europäische Zentrum der Solidarność (ECS)* seinen Sitz, es soll aber auf dem historisch so bedeutsamen Areal eine neue Adresse mit einem Museum bekommen.

KLAUS KINSKI

Am 18. Oktober 1926 wurde in einem Mietshaus am Zopotter Bahnhof Nikolaus Günther Karl Nakszyński geboren. Das hätte die Welt vermutlich längst vergessen, wäre aus dem schon als Kind zu expressiven Wutausbrüchen neigenden Polen nicht ein weltweit geachteter, unter Kollegen auch gefürchteter Schauspieler erwachsen: Klaus Kinski, Deutschlands geniales Filmekel, der in seinem Leben so gut wie alles zerlegte, was ihm gerade nicht in die Seelenlage passte.

Gefallen hätte seiner Eitelkeit gewiss die Gedenktafel an seinem Geburtshaus in Sopot (ul. Kościuszki 10), doch sie wurde erst 1994, drei Jahre nach seinem Tod, dort angebracht. Das Künstlerpaar Ewa und Andrzej Reichel hat dort eine Kneipe *(siehe S. 79)* im Stil eines Filmstudios eingerichtet – ausstaffiert mit vielen Kinski-Requisiten.

LECH WAŁĘSA

Der polnische Nationalheld Lech Wałęsa, geboren am 29. Oktober 1943 in in dem kleinen Dorf Popowo bei Bydgoszcz, ist weltweit zum Symbol für Danzig geworden. Er wurde 1983 mit dem Friedensnobelpreis ausgezeichnet und 1990 polnischer Staatspräsident. Mit dem berühmten Sprung über die Werftmauer im August 1980 setzte sich Wałęsa, damals Elektriker auf der Lenin-Werft in Danzig, an die Spitze einer Bewegung namens *Solidarność (Solidarität)*, die ganz Polen erfasste und aus der die erste unabhängige Gewerkschaft Polens entstand, als deren Gründer Wałęsa heute gilt. In einem harten, 14-tägigen Kampf setzten die Streikführer 21 Forderungen gegen die Regierung durch. Das war der erste Schritt im Kampf für Demokratie in Polen.

Wałęsas Ruhm ist verblasst – spätestens, seit er an den vollmundigen Versprechungen seiner Präsidentenzeit scheiterte. Ein Logenplatz im Geschichtsbuch Europas ist ihm immerhin sicher. Heute tourt Polens berühmtester Rentner vorzugsweise als Vortragsreisender in eigener Sache durch die Welt, vor allem die Amerikaner lieben ihn. Aus der Solidarność freilich ist er 2005 ausgetreten – ausgerechnet zum 25. Gründungsjubiläum.

MEE(H)R SEHEN

Danzig als Reiseziel steht für hanseatische Baukunst, ein spitzgiebeliges Architekturmuseum in eigener Sache: Krantor, Rechtstadt, Backsteinkirchen. Doch wer einen Ausflug in die Umgebung unternimmt, wird entdecken, dass die polnische Ostseemetropole auch viel Natur und Küstenlandschaften von romantischer Schönheit zu bieten hat. *Gdynia* lockt im Sommer mit kilometerlangen Stränden zum Baden, ebenso die *Halbinsel Hel* und natürlich das Seebad *Sopot.* Die Zeiten, in denen die Industriehäfen des Ballungszentrums das Wasser verschmutzten, sind glücklicherweise vorbei – scharfe Ökostandards und der Bau von Kläranlagen haben den Patienten Ostsee genesen lassen. Freilich wird in der Danziger Bade- und Surfhochburgen an schönen Sonnentagen der Platz schnell knapp, und der Ballermann-Faktor an den Stränden ist auch nicht jedermanns Geschmack. Wer es ruhiger mag, sonnt sich auf der *Frischen Nehrung (Mierzeja Wiślana)* östlich von Danzig – je näher man der russischen Grenze kommt, desto weniger Badegäste trifft man. Dafür gibt's hier draußen, vor allem nach stürmischen Tagen, die größte Gewissheit, Bernstein zu finden. Wer gern durch Wälder wandert oder mit dem Fahrrad durch grüne Landschaften unterwegs ist, wird zwischen den Hügelketten der *Kaschubischen Schweiz* westlich von Danzig oder auf den malerischen Elbinger Höhen längs des *Zalew Wiślany,* des *Frischen Haffs,* kleine Paradiese erobern.

MANIERISMUS

Giebel an Giebel säumen Patrizierhäuser die Straßen der Rechtstadt, vom Wohlstand ihrer Schöpfer kündend und vom Geist ihrer Zeit. Antike Skulpturen wechseln mit vergoldeten Gesimsen, eigenen Kindergärten, Wohnungen, eine Klinik. Der Schiffbau zählte zu Polens wichtigsten Wirtschaftszweigen, auf der Weltrangliste der Schiffsexporteure belegte das Land Platz sechs. Die Marktwirtschaft brachte das Aus: Gegen die

Das Große Zeughaus ist ein besonders markantes Beispiel des niederländischen Manierismus

spielerische Formen der Renaissance mit barocker Leichtigkeit. Die in Pracht und Prunk schwelgende Architektur ist ein Werk des 16. und 17. Jhs., als die Stadtrepublik zum Handelszentrum aufstieg. Reiche Kaufleute leisteten sich die besten Architekten ihrer Zeit, und die brachten aus ihrer niederländischen Heimat den Manierismus mit, eine fantasievolle Spielart der Spätrenaissance. Zwischen 1540 und 1650 entstanden so die schönsten Bauwerke Danzigs.

SCHIFFBAU

Es ist noch nicht lange her, da war die Lenin-Werft in Danzig eine Stadt in der Stadt. In ihrer größten Zeit Mitte der 1980er-Jahre arbeiteten hier fast 25 000 Menschen, die Werft hatte ihre

Billigkonkurrenz aus Asien kamen Danzigs Schiffbauer nicht an, die Aufträge brachen weg.

Die EU versetzte dem unrentabel gewordenen Staatsbetrieb den Todesstoß. Subventionen lehnten Brüssels Kommissare ab, die Privatisierung besiegelte den Untergang. Viele Danziger Schiffbauer, die vergeblich gegen den Verkauf des „nationalen Heiligtums" (Lech Wałęsa) gekämpft hatten, fühlen sich bis heute als Verlierer eines Verdrängungswettbewerbs, in dem die EU die polnischen Werften opferte, um Schiffbaustandorte im Westen zu erhalten. Überlebt haben ein paar kleine Danziger Reparaturwerften, sie beschäftigen nur wenige Hundert Leute. In den ehemaligen Werfthallen haben Künstler ihre Ateliers eingerichtet.

DER PERFEKTE TAG
Danzig in 24 Stunden

09:00 TRIUMPHPORTALE

Ihren Danzig-Tag starten Sie am besten am *Targ Węglowy* → S. 36, dem alten Kohlenmarkt. Nicht nur, weil der vom Hauptbahnhof bequem zu Fuß zu erreichen ist und Autofahrern einen großen bewachten Parkplatz bietet: Hier liegt seit alters her auch der Haupteingang in die Rechtstadt. Vom *Hohen Tor* → S. 35 und seinem Gegenstück, dem palaisartigen *Goldenen Tor* → S. 33 aus zogen schon Fürsten und Polens Monarchen in Danzig ein.

09:30 BOULEVARD DER HANSEKAUFLEUTE

Jenseits der Portale öffnet sich nun der Danziger Königsweg in ganzer Pracht. Giebel an Giebel säumen Kaufmannshäuser die ul. Długa, die berühmte *Langgasse* → S. 38. Erleben Sie im *Uphagenhaus* → S. 39 nach, wie man es sich einst in reichen Patrizierkreisen gemütlich machte. Die Długa ist Danzigs Flaniermeile Nummer eins. Schon früh am Tag füllt sich der Laufsteg. Schauen Sie dem Treiben doch einfach eine Weile zu. Zum Beispiel bei einem Cappuccino im Konditorei-Café Sowa (Nr. 17).

11:00 ROTER SAAL & ARTUSHOF

Frisch gestärkt, geht's auf zum Bürgermeister. Zumindest im übertragenen Sinn. Stadtoberhäupter residieren im *Rechtstädtischen Rathaus* → S. 41 schon lange nicht mehr, doch den prunkvollen Roten Saal muss man gesehen haben! Am Rathaus weitet sich die Langgasse zum *Langen Markt* → S. 38, dem Kronjuwel des alten Danzig. Hier am Długi Targ stehen die schönsten der Bürgerpaläste beisammen: das *Goldene Haus* → S. 33, die *Danziger Diele* → S. 30, und der *Artushof* → S. 29 (Foto li.) mit dem Neptunbrunnen davor.

12:00 BERNSTEIN & BACKSTEIN

Die Uhr am Rathausturm schlägt zwölf, es ist Zeit für die schönste Straße der Rechtstadt: die ul. Mariacka. Die kopfsteingepflasterte *Frauengasse* → S. 32 ist eine Welt für sich, gesäumt von den einst für Danzig so typischen „Beischlägen", in denen heute die besten Bernsteinjuweliere der Stadt ihre Kollektionen feilbieten. Edlen Schmuck bietet zum Beispiel *Baltic Stone* → S. 70. Am westlichen Ende der Frauengasse ragt das gewaltige Kirchenschiff von *St. Marien* → S. 40 (Foto re.) gen Himmel. Die größte Backsteinkirche der Welt zu besichtigen, gehört zum Pflichtprogramm. Versäumen

Sie nicht den Aufstieg auf den Turm! 404 Stufen sind zu überwinden, doch die grandiose Aussicht lohnt die Mühe.

14:00 GOLDWASSER

Nach so viel Baukunst knurrt nun langsam der Magen. Wo sollte dem stilvoller beizukommen sein als im „Lachs", Danzigs traditionsreichstem Lokal? In der ul. Szekora, quasi gleich um die Ecke, residiert das Restaurant *Pod łososiem* → S. 62. Zum Nachtisch gibt's selbstverständlich ein Gläschen Goldwasser – schließlich wurde es 1589 in diesem Haus erfunden.

15:15 AN & AUF DER MOTTLAU

Einem guten Essen folgt am besten ein Verdauungsspaziergang. Nun denn, zunächst die ul. Szekora hinunter zur Mottlau. Ein Tor schließt dort die Straße ab, es wirkt recht unscheinbar – erst nach dem Hindurchgehen entpuppt es sich als das *Krantor* → S. 36, Danzigs berühmtes Wahrzeichen. Auf der *Langen Brücke* → S. 38, wie der belebte Hafenkai längs der Mottlau heißt, geht's nun an den alten Wassertoren entlang zur Anlegestelle der *Weißen Flotte* → S. 38. Eine Dampferfahrt ist genau das Richtige jetzt. Sie führt an den Hallen der legendären *Lenin-Werft* → S. 51 vorbei zu einem der geschichtsträchtigsten Orte Europas: zur Westerplatte, jenem polnischen Munitionsdepot, mit dessen Beschuss Hitlerdeutschland 1939 den Zweiten Weltkrieg vom Zaun brach.

17:30 ABENDS – KLASSIK ODER KNEIPE

Zurück auf der Langen Brücke, noch einmal auf die andere Seite der Mottlau geschlendert, auf einen Absacker in die gemütliche Brauereikneipe *Browarnia Gdańsk* → S. 60 – und dem Tag kann nichts mehr passieren. Fürs Abendprogramm haben Sie nun die Wahl. Wie wäre es mit einem Konzert in der *Baltischen Philharmonie* → S. 78? Wem nach Tanzen ist, der findet in der *„Engelstadt"* → S. 77 einen Hotspot der DJ-Szene. Für einen Klönabend ist das *Red Light* → S. 79 (Foto o.) das Richtige, um den Abend zum Morgen werden zu lassen.

Viele Bus- und Tramlinien bis Hauptbahnhof (Dworzec Główny), von dort 250 m zu Fuß zum Targ Węglowy. Schiffskarten am Anleger oder an Bord.

SEHENSWERTES

CITY **WOHIN ZUERST?**

Eine Stadtbesichtigung beginnen Sie am besten am **Hohen Tor (116 C4)**, Straßenbahn- und Bushaltestelle Brama Wyżynna. Von hier aus folgen Sie dem „Königsweg" in Richtung Langer Markt. Von dort aus liegt alles nahe: das Krantor, die Marienkirche, die Hafenzeile an der Mottlau. Ihr Auto parken Sie auf dem Kohlenmarkt (Targ Węglowy) **(116 C3)**, im Sommer und zur Weihnachtszeit besser auf dem bewachten Parkplatz an der ul. Świętego Ducha, zwei Minuten zu Fuß von Kohlenmarkt, Stockturm und Goldenem Tor entfernt.

Prachtvolle Patrizierhäuser, Giebel an Giebel von Geist, Macht und Reichtum ihrer Schöpfer kündend, die terrassengesäumte, romantische Frauengasse, der Lange Markt mit seinem hanseatischen Artushof, Stadttore wie Triumphbögen, holländisch geprägter Manierismus neben italienischer Renaissance – und über allem St. Marien, der Welt größte Backsteinkirche: Danzig als ein Juwel der Ostseestädte zu bezeichnen, ist bestimmt nicht übertrieben.

Tag für Tag drängen Touristen vieler Herren Länder durch die Straßen und Gassen der historischen Rechtstadt, kultureller Mittelpunkt und geschichtlich gesehen auch ältester Teil der über tausendjährigen Stadt. Dabei ist wirklich alt hier kaum noch etwas. Wer zwischen Löwen-

Bild: Panorama mit Marienkirche (links)

Danzig betört mit über tausendjähriger Geschichte, Renaissance-Schmuckgiebeln und der weltgrößten Backsteinkirche

schloss und Goldenem Tor die Architektur einer Metropole bewundert, die im 16. und 17. Jh. als mächtigste Stadt an der Ostsee galt, besichtigt ganz nebenbei auch ein Meisterwerk polnischer Restauratorenkunst. Das geschichtsträchtige Zentrum der Hansestadt lag 1945 nahezu vollständig in Schutt und Asche. Es wurde nach alten Vorlagen originalgetreu rekonstruiert – der größte Wiederaufbau eines historischen Stadtkerns in Europa. Mit knapp 460 000 Ew. ist Danzig die größte Metropole im Norden Polens. Die

Innenstadt wirkt dennoch ziemlich überschaubar. Alles Sehenswerte in der großenteils verkehrsberuhigten Rechtstadt kann man bequem zu Fuß erreichen.
Ein Ort gehört unbedingt zu einem Danzig-Besuch, denn er hat Weltgeschichte geschrieben: die einstige Lenin-Werft. Im August 1980 erstreikten sich hier 16 000 Werftarbeiter unter Führung des charismatischen Elektrikers Lech Wałęsa die Gründung der freien Gewerkschaft Solidarność. Es war der Anfang vom Ende des Sozialismus in Osteuropa.

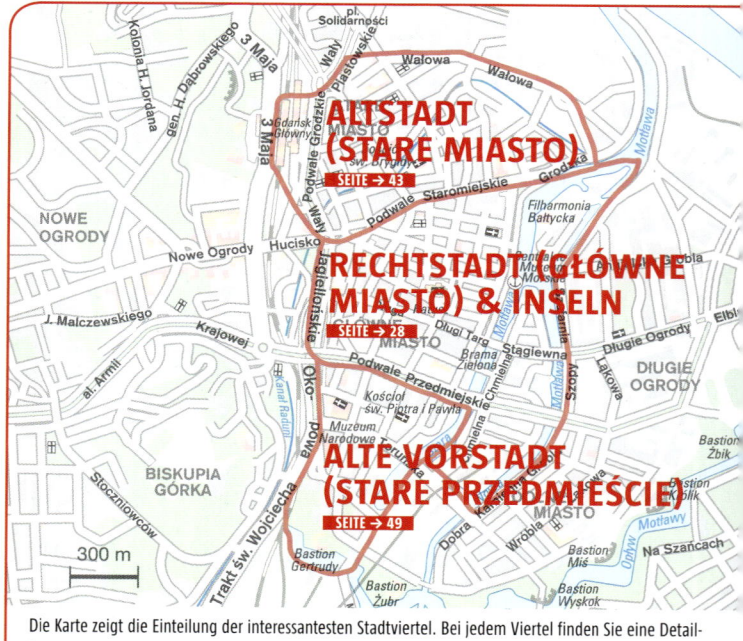

Die Karte zeigt die Einteilung der interessantesten Stadtviertel. Bei jedem Viertel finden Sie eine Detailkarte, in der alle beschriebenen Sehenswürdigkeiten mit einer Nummer verzeichnet sind

RECHTSTADT (GŁÓWNE MIASTO) & INSELN

Danzigs Pracht und Herrlichkeit. Hier reihen sich jene schönen Kaufmanns- und Bürgerhäuser aneinander, für die die alte Hansestadt berühmt ist, ihre filigranen Giebelfronten säumen verwinkelte Gässchen und den „Königsweg", auf dem einst die Majestäten in die Rechtstadt einzogen, durch das Hohe Tor weiter zum Langen Markt.

Heute ist die Langgasse Danzigs Flaniermeile, ein Laufsteg zum Sehen und Gesehenwerden, täglich dicht bevölkert von Touristen und Einheimischen. Hier schlägt das Herz der Stadt. Straßenkünstler, Musiker und Pantomimen geben ihre Kunst zum Besten, in die Kontore der Patrizierhäuser sind Cafés und Restaurants eingezogen, ein bunter Mix aus Galerien, Souvenir- und Antiquitätenläden, nicht zu vergessen Danzigs berühmte Bernsteinjuweliere.

Die Rechtstadt ist Danzigs historischer Kern. Schon im 12. Jh. gab es hier eine Handelssiedlung, 1255 kamen die ersten Lübecker Kaufleute – und blieben. Der Name weist auf die „rechte", also die richtige Stadt hin, in Abgrenzung zur nördlichen – älteren – Altstadt, in der damals vor allem slawische Handwerker und Fischer lebten. Die Rechtstadt hingegen war von Beginn an den mächtigen deutschen Patrizierfamilien vorbehalten, den Bürgermeistern und reichen Ratsherren, den Zünften. Als Handelszentrum wuchs sie planmäßig um die Speicherviertel an der Mottlau, im für das Mittelalter typischen schachbrettartigen Muster, alle Hauptstraßen auf den Hafen ausgerichtet. 1343 verlieh der Deutsche Orden ihr das Stadtrecht. Keine 20 Jahre später trat die Danziger Rechtstadt der Hanse bei – und sollte in diesem europäischen Städtebündnis bald zur mächtigen Löwin aufsteigen.

Ihre eigentliche Blüte erfuhr die Rechtstadt aber erst nach 1450, als Danzig sich als „Freie Stadt" dem polnischen König unterstellte und dafür mit Zoll- und Handelsprivilegien belohnt wurde. In der Folge entstand, architektonisch beseelt von der Renaissance und ihrer Spielart, dem aus Holland importierten Manierismus, jenes Gesamtkunstwerk, das heute zu den schönsten Stadtensembles Europas zählt. Auch wenn es „nur" noch eine Rekonstruktion ist.

■1 ARTUSHOF (DWÓR ARTUSA) ● (117 D4)

Hier tagte, tafelte und zechte einst die mächtige Gilde der Hansekaufleute, hielt Versammlungen und ihre ziemlich berüchtigten Biergelage ab. Mit seiner weißen Fassade und den drei markanten hohen Fenstern ragt der Palast der Kaufmannszunft aus den Giebelzeilen des Langen Markts heraus – es ist das größte und schönste Haus des Platzes. Die Geschichte des Artushofs reicht bis in die Zeit um 1350 zurück. Sein heutiges prachtvolles Aussehen bekam er aber

---

★ **Frauengasse (ulica Mariacka)**
Die schönste Straße der Rechtstadt besitzt auch heute noch viel Alt-Danziger Flair → S. 32

★ **Langgasse (ulica Długa)**
Prächtige Patrizierhäuser säumen Danzigs repräsentativste Straße → S. 38

★ **Rechtstädtisches Rathaus (Ratusz Głównego Miasta)**
Reich verzierter Renaissancebau mit einem filigranen Uhrenturm → S. 41

★ **Langer Markt (Długi Targ)**
Im „Salon von Danzig" pulsiert das Leben → S. 38

★ **Nationalmuseum (Muzeum Narodowe)**
Eines der wichtigsten Museen Polens → S. 50

★ **Polnische Post (Muzeum Poczty Polskiej)**
Symbol für Polens Abwehrkampf im Zweiten Weltkrieg → S. 49

★ **Krantor (Żuraw)**
Danzigs Wahrzeichen war einst der weltgrößte Hafenkran → S. 36

★ **Marienkirche (Kościół Mariacki)**
Die größte Backsteinkirche der Welt überragt Danzigs Altstadt → S. 40

★ **Ehemalige Lenin-Werft (Stocznia Gdańska)**
Polens „Wege zur Freiheit" werden hier multimedial dokumentiert → S. 51

★ **Lange Brücke (Długie Pobrzeże)**
An der Mottlaupromenade mit ihren Hafentoren ist viel Platz für Juweliere, Hotels und Cafés → S. 38

MARCO POLO HIGHLIGHTS

erst 1617, als der flämische Architekt Abraham van den Blocke die Fassade im Stil des Manierismus umgestaltete. Die Renaissance zeigt sich jedoch noch: Antike Statuen zieren die Fensterfront, das Dach wird gekrönt von Fortuna, der Göttin des Glücks, und neben dem Haupteingang grüßt Merkur, Schutzpatron der reisenden Kaufleute. Die Medaillons über dem Sandsteinportal erinnern an die polnischen Könige Sigismund III. Wasa und seinen Nachfolger Władysław IV.

Im Lauf der Jahrhunderte musste der Prachtbau manchen Herren dienen, war Domizil diverser Geheimbünde und Bruderschaften, war auch Börse. Heute finden in seinem riesigen gewölbten Saal, dem schönsten von Danzig, Festivals und repräsentative staatliche Veranstaltungen statt. Günter Grass erhielt hier die Ehrenbürgerwürde. Prunkstück des Saals ist der 11 m hohe Kachelofen, erbaut 1545 von dem Töpfer Georg Stelzener. Jede der 520 Kacheln ist ein Original, handbemalt mit Wappen, Porträts europäischer Herrscher und allegorischen Motiven.

An den Artushof grenzt das historische *Schöffenhaus,* die sogenannte INSIDER TIPP Danziger Diele. Hier tagte einst das Gericht der Freien Stadt. Heute gewährt das meisterlich restaurierte Innere einen Einblick in das Leben reicher Patrizier von einst.

Und auf dem Langen Markt vor dem Artushof sprudelt eins der meistfotografierten Wahrzeichen Danzigs: der 1633 vollendete *Neptunbrunnen (fontanna Neptuna),* geschaffen nach einem Entwurf von Abraham van den Blocke. Hünenhaft reckt der bronzene Meeresgott des flämischen Bildhauers Peter Husen seinen Dreizack. So sahen sie sich wohl auch ganz gern, die alten Danziger Kaufleute: Der Brunnen sollte das Selbstverständnis der Freien Stadt als Beherrscherin der Ostsee symbolisieren. *Długi Targ 43/46 | Mo 11–15, Di–Sa 10–18, So 11–18 Uhr | Eintritt 10 Zł. (Tickets für Ar-*

Vor dem Artushof sprudelt der Neptunbrunnen, Symbol für die Macht der Hansestadt

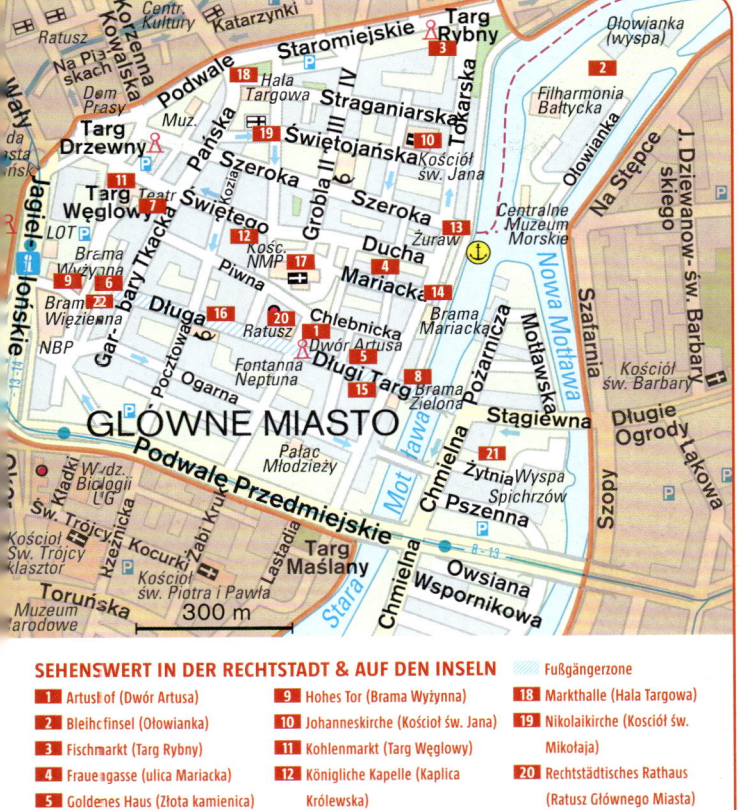

SEHENSWERT IN DER RECHTSTADT & AUF DEN INSELN | Fußgängerzone

1 Artushof (Dwór Artusa)

2 Bleichsinsel (Ołowianka)

3 Fischmarkt (Targ Rybny)

4 Frauengasse (ulica Mariacka)

5 Goldenes Haus (Złota kamienica)

6 Goldenes Tor & Georgshalle (Złota Brama i Dwór św. Jerzego)

7 Großes Zeughaus (Wielka Zbrojcwnia)

8 Grünes Tor (Zielona Brama)

9 Hohes Tor (Brama Wyżynna)

10 Johanneskirche (Kościoł św. Jana)

11 Kohlenmarkt (Targ Węglowy)

12 Königliche Kapelle (Kaplica Królewska)

13 Krantor (Żuraw)

14 Lange Brücke (Długie Pobrzeże)

15 Langer Markt (Długi Targ)

16 Langgasse (ulica Długa)

17 Marienkirche (Kościół Mariacki)

18 Markthalle (Hala Targowa)

19 Nikolaikirche (Kosciół św. Mikołaja)

20 Rechtstädtisches Rathaus (Ratusz Głównego Miasta)

21 Speicherinsel (Wyspa Spichrzów)

22 Stockturm & Peinkammer (Katownia i Wieża Więzienna)

---

tushof und Danziger Diele), Mo frei | www. mhmg.gda.pl

2 BLEICHOFINSEL (OŁOWIANKA) (117 E3)

Die nördliche und kleinere der beiden Mottlau-Inseln hat in den letzten Jahren eine Veredelung erfahren. In einem alten umgebauten Elektrizitätswerk hat die *Baltische Philharmonie* ihren Sitz. Neben- an zog das Komforthotel Krolewski in den meisterhaft restaurierten *Königsspeicher* ein. Der 1621 erbaute Backsteinspeicher heißt so, weil hier einst das Getreide für den polnischen Hof gelagert wurde. Auch der neue *Yachthafen* hat zur Belebung der jahrzehntelang heruntergekommenen Insel beigetragen. Sehenswert für Besucher ist vor allem das ● *Zentrale Meeresmuseum (Centralne Muzeum Morskie | Museum Juli–Aug. tgl. 10–18, Sept.–Dez. und April–Juni Di–So 10–16, Jan.–März Di–So 10–15 Uhr | Eintritt 8 Zł. inkl. „Sołdek" und Fähre, Kombiticket mit Krantor 18 Zł. | Ołowianka 9–13 | www.cmm.pl)*, das in drei historischen Speichern interessante Ausstellungen zeigt – unter anderem die von Unterwasserarchäologen gehobene Ladung einer 1627 gesunkenen schwedischen Karavelle. Zum Meeresmuseum gehört auch ein schwimmendes Exponat: der längsseits der Insel vertäute, 1947 vom Stapel gelaufene Frachter „Sołdek".

Auf die Insel, die ihren Namen von einst hier gelagerten Buntmetallen hat, kommt man über die ul. Szafarnia oder mit einer kleinen Fähre, die für 1,50 Zł. beinahe im Minutentakt zwischen der Langen Brücke und dem Meeresmuseum pendelt.

◼ 3 FISCHMARKT (TARG RYBNY) (117 D3)

Flundern und Aale werden auf dem alten Fischmarkt am nördlichen Ende der Mottlau-Promenade schon lange nicht mehr feilgeboten. Nur einmal im Jahr darf der Platz nahe der Grenze zur Altstadt noch Markt sein: Immer zwei Wochen im Hochsommer, wenn Danzig das traditionelle Dominiksfest feiert, verwandelt sich der Fisch- in einen großen `INSIDER TIPP` Antiquitätenmarkt – ein Paradies für Sammler und Trödelfreaks. Ob alte Möbel oder betagter Hausrat, Bücher oder Briefmarken: Im Angebot ist hier beinahe alles, was historisch ist oder so aussieht. Am Rand des Fischmarkts thronte ursprünglich auch die Burg des Deutschen Ordens. Aufgebrachte Rechtstädter stürmten und schleiften sie 1454, als die Freie Stadt sich mit polnischer Hilfe gegen die verhassten Mönchsritter erhob. Anstelle der Burg wurde zum Schutz des Platzes der backsteinerne *Schwanenturm* erbaut, der dort zusammen mit Resten der mittelalterlichen Stadtbefestigung heute noch steht.

Vom ● Mottlau-Kai am Fischmarkt legen heute Dampfer und Wassertaxis hinüber auf die Halbinsel Hel ab *(Abfahrten siehe S. 56 | www.komunikacja.trojmiasto.pl/ tramwajwodny.php)*.

◼ 4 FRAUENGASSE (ULICA MARIACKA) ★ ● (117 D4)

Die Frauen- oder Mariengasse führt vom *Frauentor (Brama Mariacka)* zur Marienkirche und gilt für viele als schönste Straße der Rechtstadt. Und tatsächlich: Über ihrem Kopfsteinpflaster schwebt immer noch ein Hauch des alten Danzig. Nur hier sind die Kaufmannshäuser noch von terrassenartig erhöhten Vorbauten gesäumt – den berühmten Beischlägen. In Mode gekommen ab dem 16. Jh. als Eingänge der zur Straße hin erweiterten Speicherkeller und ursprünglich auch als Hochwasserschutz, wurden die Beischläge nach und nach Statussymbole der reichen Kaufleute. Die Vorbauten wuchsen zu prachtvoll ausgeschmückten Veranden, auf denen man Geschäfte besprach, im Sommer mit der Familie speiste und dabei dem Treiben auf der Straße zusah. Heute bergen ihre Keller Kunsthandwerksläden, kleine Galerien und die exklusivsten und auch teuersten Bernsteinwerkstätten der Stadt.

Die malerische Gasse diente schon oft als Filmkulisse. Auch Regisseur Franz Peter Wirth verlegte 1980 die Dreharbeiten für den Film „Buddenbrooks" nach dem Roman von Thomas Mann vom Originalschauplatz Lübeck hierher.

Frauengasse: Danzigs wohl schönste Straße diente schon oft als Filmkulisse

5 GOLDENES HAUS (ZŁOTA KAMIENICA) (117 D4)

An der Nordseite des Langen Markts unweit des Artushofs fällt in der Giebelzeile eine besonders reich verzierte Fassade auf. Es ist das Goldene Haus, das wohl schönste Palais der Danziger Rechtstadt, erbaut 1607–17 für den damaligen Bürgermeister Johann Speymann (und darum mitunter auch Speymannshaus genannt), der sich – wie viele seiner Zeit- und Zunftgenossen – mit dem Bau selbst ein Denkmal setzen wollte. Die filigran gegliederte Fensterfront aus weißen Stuckornamenten, viel Blattgold und Basreliefs aus grünem Marmor ist ein Werk des flämischen Architekten Abraham van den Blocke, des Schöpfers vieler Danziger Prachtbauten. Er überzog die Prunkfassade mit allegorischen Tugendsymbolen, verewigte europäische Herrscher und römische Cäsaren. Die Balustrade krönen vier Figuren aus der Antike: Antigone, Kleopatra, Ödipus und Achilles. So geriet das Gebäude zu einem

architektonischen Gemälde ganz im Geist der Renaissance. *Długi Targ 41*

6 GOLDENES TOR & GEORGSHALLE (ZŁOTA BRAMA I DWÓR ŚW. JERZEGO) (116 C4)

„Concordia res publicae parvae crescunt – discordia magnae concidunt" (Durch Eintracht werden kleine Staaten groß, an Zwietracht gehen die großen zugrunde): Mit solch moralischen Mahnungen wird begrüßt, wer durch das Goldene Tor die Danziger Rechtstadt betritt. Der präsentable westliche (Haupt-)Eingang und Beginn des „Königswegs" erinnert eher an ein römisches Palais als an ein Tor. Die Architekten Abraham van den Blocke und Jan Strakowski legten es 1612–14 im Stil eines Triumphbogens an. Die mit Säulen, Ornamenten und Rundbogenfenstern reich gegliederte zweigeschossige Fassade wirkt nicht nur leicht und elegant, sie steckt auch voller Symbolik, ganz im Geist der Verehrung der Antike. Die Balustrade etwa krönen je vier allegorische

Figuren: Wer in die Stadt kommt, den begrüßen Freiheit und Frieden, Reichtum und Ruhm. Wer sie durch das Tor wieder verlässt, nimmt Weisheit und Gerechtigkeit, Frömmigkeit und Eintracht mit auf den Weg. Das Baudenkmal ist heute Sitz des Architektenverbands und nicht öffentlich zugänglich.

7 GROSSES ZEUGHAUS (WIELKA ZBROJOWNIA) (116 C3)

Mit seiner üppig dekorierten Fassade, den Schmuckgiebeln und verzierten Beischlägen gilt das Zeughaus, wo die Jopengasse *(ul. Piwna)* in die *ul. Tkacka* und die *ul. Kołodziejska* mündet, als Danzigs schönstes Beispiel des Manierismus,

Von der Balustrade des Goldenen Tors schaut man auf Danzigs älteste Straße, die Langgasse

An das Goldene Tor grenzt ein auffälliger, schlossähnlicher Backsteinbau – die 1494 erbaute, vom flämischen Manierismus geprägte *Georgshalle (Dwór Św. Jerzego)*, wo sich lange der exklusivste Club Danzigs zu Versammlungen und Festen traf: die Mitte des 14. Jhs. gegründete Sankt-Georgs-Bruderschaft. Nicht einmal jeder reiche Patrizier hatte zu dieser Schützenzunft Zutritt. Auf dem Türmchen über der zinnengesäumten Balustrade thront der heiliggesprochene Drachentöter und Märtyrer. Heute wird die Georgshalle für Veranstaltungen und Ausstellungen genutzt.

dieser nach Überhöhung strebenden, verspielten niederländischen Stilrichtung der Spätrenaissance. Anthonis van Obbergen, seinerzeit einer der berühmtesten Architekten Europas, entwarf den Prunkbau um 1600, ab 1609 diente er als Waffenarsenal. Inzwischen geht es hier friedlicher zu: Das Zeughaus beherbergt im ersten Stock die Danziger Kunstakademie.

8 GRÜNES TOR (ZIELONA BRAMA) (117 D4)

Hier endet der historische Königsweg. Das Grüne Tor – es hat seinen Namen vom ursprünglich grünen Sandstein seiner Fassade – schließt den Langen Markt nach Osten ab und öffnet zugleich einen Durchgang zur Mottlau. Über die *Grüne Brücke (Most Zielony)* kann man von hier aus zur Speicherinsel hinüberspazieren oder auf der Mottlau-Promenade bummeln.

Als der palastartige Renaissancebau 1564–68 entstand, war er noch als Herberge für den polnischen König gedacht. Doch Majestät zog andere Quartiere am Langen Markt vor. Danach stand im Tordurchgang mehrere Jahrhunderte die offizielle Waage, auf der jeder Kaufmann seine Waren wiegen musste, ehe er sie auf dem Markt verkaufen durfte. Heute ist das Grüne Tor ein begehrter Platz für Straßenmusikanten – der guten Akustik wegen, aber wohl auch, weil sich Spiel und Gesang hier gut in klingende Münze umwandeln lassen.

Im zweiten Stock des Tors zeigt das *Polnische Nationalmuseum (Muzeum Narodowe | siehe S. 50)* regelmäßig interessante Sonderausstellungen. Eine Etage darüber hat der einstige polnische Staats-

präsident INSIDER TIPP Lech Wałęsa sein Bürgerbüro. *Długi Targ 24*

9 HOHES TOR (BRAMA WYŻYNNA) (116 C4)

Das Hohe Tor markiert seit dem Mittelalter zusammen mit dem Stockturm und dem Goldenen Tor den westlichen Haupteingang in die Danziger Rechtstadt. Hier musste jeder hindurch, ob König, Kaufmann oder Taschendieb. Ursprünglich nur ein schlichtes, von tiefen Gräben gesäumtes äußeres Wehrtor, wurde es um 1585 vom flämischen Baumeister Willem van den Blocke zu einer Art Triumphbogen umgestaltet. Damals erhielt das Tor sein heutiges Aussehen und trägt seither in der Sandsteinfassade die Wappen jener drei Mächte, die das Schicksal der Stadt prägten: den polnischen Adler, das preußische Königswappen und das Wappen der Freien Stadt Danzig.

10 JOHANNESKIRCHE (KOŚCIOŁ ŚW. JANA) ● (117 D3)

Die spätgotische Johanneskirche, erbaut im 14. Jh. nahe dem gleichnamigen

RICHTIG FIT!

Yoga, Powerbike, Powerpump, Aerobox, Aerobic, Stepaerobic – das sind nur einige der Betätigungsmöglichkeiten, die Sie im *Fitnessstudio Gymnasion* erwarten. Im Dachgeschoss des Einkaufszentrums GH Madison Gdańsk gibt es auf zwei Ebenen jede Menge Sportattraktionen. Dazu ein Gym mit Laufbändern, Fahrrädern und anderen Fitnessgeräten *(Mo–Fr 8–21, Sa 9–21, So 10–20 Uhr, ohne Anmeldung | Tagesticket 50 Zł. | Rajska 10* (116 C2) *| Tel. 5 87 66 74 62 | www.gymnasion.pl)*.

Wollen Sie lieber draußen Sport treiben? Zum Beispiel joggen, walken, skaten oder Rad fahren? Ideale Bedingungen dafür gibt es entlang der Danziger Bucht, und zwar ab dem Strand *Gdańsk-Brzeźno* bis nach Gdynia. Informationen zum Fahrradverleih *s. Seite 106*. Wer's etwas gemütlicher will: An der Mottlau kann man Tretboote und Kajaks mieten *(tgl. 10–18 Uhr | 10 Zł./Std., Mo–Fr 30 Zł./Tag, Sa u. So 35 Zł./Tag | Żabi Kruk 15* (116 C5) *| Tel. 5 83 05 73 10 | www.kajakiempogdansku.pl)*.

Johanneskirche: wuchtige Backsteingotik

Stadttor (Brama Świętojańska), führte viele Jahre ein Schattendasein. Im Krieg schwer zerstört, blieb von der einst kostbaren Ausstattung nur der 12 m hohe Renaissance-Altar erhalten. Die Kirche wird allmählich saniert – allerdings ist das kompliziert, vor allem des sumpfigen Untergrunds wegen. Teile der Chorwand sind bereits abgesackt. Die Johanneskirche war daher auch lange für Besucher nicht zugänglich. Doch inzwischen macht das fast leere Gotteshaus wieder von sich reden – vor allem mit spannenden Kunstausstellungen und Konzerten, die Propst Krzysztof Niedałtowski organisiert. Der kulturbegeisterte Pfarrer zelebriert an jedem Sonntag eine INSIDER TIPP heilige Messe für Künstler, seine bewegenden Predigten ziehen inzwischen eine große Gemeinde an. Świętojańska 50

▣11 KOHLENMARKT (TARG WĘGLOWY) (116 C3)

Der einstige Kohlenmarkt, im Mittelalter einer der bedeutendsten Warenumschlagplätze Danzigs, bietet sich heute vor allem als Ausgangspunkt für einen Stadtbummel an. An seinem Rand steht seit 1912 das Stadttheater Teatr Wybrzeże. Im Sommer gibt es hier oft Konzerte und Märkte. Die restliche Zeit über ist der Kohlenmarkt vor allem eins: einer der größten Parkplätze der Altstadt. Wochentags zwischen 9 und 17 Uhr sollten Sie für Ihr Auto unbedingt einen Parkschein lösen (1 Std. 3 Zł., ab 2. Std. Staffelpreise). Werden Sie ohne Ticket in der Altstadt erwischt, drohen Strafen bis zu 500 Zł. (125 Euro)!

▣12 KÖNIGLICHE KAPELLE (KAPLICA KRÓLEWSKA) (117 D3)

Mit ihren spielerischen barocken Formen, Kuppeln und Balustraden und der kräftigen Ockerfarbe fällt die Königliche Kapelle einigermaßen aus dem Rahmen: Welch ein Kontrast zur strengen (deutschen) Backsteingotik! Das war durchaus beabsichtigt. Erbaut 1678–81 zur Erinnerung an einen Besuch des polnischen Königs Jan III. Sobieski, sollte die Kapelle ein katholisches Gegenstück zur protestantischen Dominanz in der Rechtstadt schaffen. Die Königliche Kapelle, ein Entwurf des polnischen Hofarchitekten Tylman van Gameren und des berühmten Bildhauers Andreas Schlüter, prägt heute als einzige Barockkirche Danzigs die Heiliggeiststraße. Św. Ducha 58

▣13 KRANTOR (ŻURAW) ★ (117 D3)

Eine elegante Schönheit ist es nicht gerade, Danzigs bekanntestes Wahrzeichen Von wegen Renaissance und Patrizierpracht: Eher an eine grimmige Wehrburg erinnernd als an eine Hebekonstruktion, ragt das Krantor dunkel aus der bunten Häuserzeile längs der Mottlau-Promenade heraus. In seiner bis heute erhaltenen Form mit den zwei wuchtigen backsteinernen Rundtürmen (die gleichzeitig der Verteidigung des Hafens dienten) und dem markanten hölzernen Zwischenbau wurde es 1444 vollendet. Der damals größte Hafenkran der Welt diente nicht nur zum Be- und Entladen der Schiffe, auch die Masten der Großsegler wurden damit gestellt. Im Inneren des Tors sind noch die beiden mehr als 6 m durchmessenden Treträder zu bestaunen, mit denen vorzugsweise

Sträflinge Lasten von bis zu 4 t etwa 11 m hochhievten.

Heute gehört das mittelalterliche Industriedenkmal zum *Zentralen Meeresmuseum (Centralne Muzeum Morskie)*, das sich über verschiedene historische Bauwerke erstreckt und seinen Hauptsitz auf der Bleihofinsel gegenüber hat. Die sehenswerte Ausstellung im Krantor zeigt das Leben in der mittelalterlichen Hafenstadt Danzig *(Juli, Aug. tgl. 10.30–18.30, Sept.–Nov. und April–Juni Di–Fr 10–16, Sa, So 10.30–16.30; Dez. Di–Fr 10–15, Sa, So 10.30–15.30; Jan.–März Di–So 10.30–15.30, April–Juni Di–So 10.30–16.30 Uhr | Eintritt 8 Zł. inkl. Fähre, Kombiticket mit Meeresmuseum 18 Zł. | Szeroka 67/68 | www.cmm.pl).*

BÜCHER & FILME

▶ **Die Blechtrommel** – Günter Grass beschreibt in seinem Roman (1959) das Leben des Jungen Oskar Matzerath, der Anfang der 1920er-Jahre in Danzig lebt. Zusammen mit „Katz und Maus" und „Hundejahre" bildet dieser Roman, den Volker Schlöndorff 1979 kongenial verfilmte, die sogenannte Danziger Trilogie, in der Grass die Kriegs- und Nachkriegszeit in Danzig beschreibt

▶ **Tod in Danzig** – Das Schicksal eines deutschen Anatomieprofessors und der Alltag in Danzig in der Nachkriegszeit, beschrieben von Stefan Chwin (1995)

▶ **Literarischer Reiseführer Danzig** – In acht Spaziergängen führt der Historiker Peter Oliver Loew durch Danzig, begleitet von Texten bekannter Autoren wie Stefan Chwin, Paweł Huelle, Joseph von Eichendorff oder Afred Döblin (2009)

▶ **Strajk – Die Heldin von Danzig** – Anna Walentynowicz gehörte 1980 zu den Gründungsmitgliedern der Solidarność. Anders als Lech Wałęsa war die Kranführerin im Ausland unbekannt. Das änderte Volker Schlöndorffs Film mit Katharina Thalbach (2006)

▶ **Viva Polonia: Als deutscher Gastarbeiter in Polen** – Der deutsche Kabarettist Steffen Möller ist in Polen u. a. durch die wöchentliche Comedy-Sendung „Europa lässt sich mögen" bekannt. Hier berichtet er humorvoll über die Besonderheiten der polnischen Kultur und Mentalität aus der „Gastarbeiterperspektive". Auch als CD (2009)

▶ **Wie ich Hitler Beine machte** – Dieter Schenk stellt eine Danzigerin vor, die in den 1940er-Jahren im Widerstand gegen die Nazis war (2004)

RECHTSTADT (GŁÓWNE MIASTO) & INSELN

14 LANGE BRÜCKE (DŁUGIE POBRZEŻE) ⭐ (117 D3–4)

Der Name führt etwas in die Irre, denn eigentlich ist die „Brücke" ein langer Hafenkai. Sie reicht vom Grünen Tor an der Mottlau bis zum alten Fischmarkt – eine beliebte, an schönen Sommernachmittagen manchmal bis an die Spaßgrenze bevölkerte Amüsiermeile. Längs des Kais liegen wie an einer Perlenschnur die imposanten Danziger Hafentore: das *Heiliggeisttor (Brama Św. Ducha)* und das berühmte *Krantor*, das *Brotbänkentor (Brama Chlebnicka)*, wo in der gleichnamigen Gasse im Mittelalter die Bäckerzunft ihre Waren feilbot, und das *Frauentor (Brama Mariacka)* aus dem 14. Jh., ältestes Tor der Rechtstadt. In seinem Schatten zeigt etwas versteckt das in zwei Kaufmannshäusern eingerichtete INSIDER TIPP *Archäologische Museum (Muzeum Archeologiczne | Juli, Aug. Di–Fr 9–17, Sa, So 10–17, Sept.–Juni Di, Do, Fr 8–16, Sa, So 10–16, Mi 9–17 Uhr | Eintritt 8 Zł., Sa frei | Mariacka 26)* interessante Funde aus Danzigs Frühgeschichte.

Jahrhundertelang war die Lange Brücke das wirtschaftliche Herz der Stadt. Hier legten im Mittelalter die großen Karavellen und Handelsschiffe der Hansekaufleute an, schlugen Waren aus ganz Europa um. Die Fracht wurde gegenüber auf der Speicherinsel gelagert. Alles längst Geschichte. Heute prägen die ● Ausflugsdampfer der *Weißen Flotte* das Bild, legen vom Mottlau-Kai aus zu Rundfahrten durch den Hafen zur Westerplatte und (vom Anleger am Fischmarkt) hinüber auf die Halbinsel Hel ab *(Linie F1 | Abfahrten siehe S. 56 | www.komunikacja.trojmiasto.pl/tramwajwodny.php)*.

15 LANGER MARKT (DŁUGI TARG) ⭐ (117 D4)

Die Hauptstraße der Rechtstadt, die Langgasse, geht nahe der Mottlau in den

Langen Markt über. Hier stehen die berühmtesten Bauwerke des historischen Danzig so kunstvoll restauriert beieinander, als seien sie nie zerstört worden: das Rechtstädtische Rathaus, der Artushof mit dem Neptunbrunnen, das Grüne Tor. Kaufmanns- und Bürgerhäuser, ein Giebel prächtiger als der andere, umrahmen den als Hauptmarktplatz der Rechtstadt im 14. Jh. angelegten, lang gestreckten Platz. Im „Salon von Danzig" pulsiert das Leben. Und der Tourismus – vor allem im Sommer. Wo immer Platz ist, laden dann Straßencafés zum Genießen des Tags und der besonderen Atmosphäre des Orts ein. Hier werden die großen Stadtfeste gefeiert, und während des Dominikaner-Jahrmarkts im Sommer verwandelt sich der Lange Markt in eine große Unterhaltungsbühne.

16 LANGGASSE (ULICA DŁUGA) ⭐ (116–117 C–D4)

Hinter dem Goldenen Tor beginnt die älteste und berühmteste Straße Danzigs,

Langer Markt: Links strahlt der Artushof, drei Häuser weiter glänzt das schlanke Goldene Haus

seit jeher Magistrale der Rechtstadt, „Königsweg" und Boulevard kaufmännischer Macht: die Langgasse. Einen halben Kilometer verläuft sie fast schnurgerade in ost-westlicher Richtung, geht schließlich in den Langen Markt über, wo hinter dem Grünen Tor einst die Handelsschiffe anlegten. Giebel an Giebel säumen die Häuser der reichen Patrizierfamilien die Straße, fast jedes Haus ist eine Sehenswürdigkeit für sich, mit eigenem Schicksal. Die Geschichte der Langgasse reicht bis ins Mittelalter zurück, doch die meisten der Schaufassaden entstanden in der Epoche der Renaissance, dem Goldenen Zeitalter der Handelsstadt Danzig. Und sie entstanden noch einmal neu, originalgetreu und meisterhaft rekonstruiert nach dem Krieg. Heute kann man sich kaum noch vorstellen, dass hier 1945 alles bis auf die Grundmauern in Schutt und Asche lag.

Eines der typischen und schönsten Patrizierhäuser der Langgasse ist das Ferberhaus (Nr. 28). Die Familie Ferber zählte fast 300 Jahre lang zu den einflussreichsten Dynastien der Rechtstadt, stellte allein sechs Bürgermeister. Heute lädt im Ferberhaus ein gemütliches Café mit Biergarten zum Verweilen ein. Sehenswert ist auch das Zierenberghaus (Nr. 29) mit seiner barocken Fassade. Zwei steinerne Löwen, die das pilastergegliederte Portal bewachen, verhalfen dem Löwenschloss (Lwi Zamek, Nr. 35) zu seinem Namen. Ein Stück weiter fällt rechts ein mit antiken Statuen verzierter Renaissancebau auf. Hier lebte die Kaufmanns- und Politikerfamilie Schumann. Heute ist im INSIDER TIPP ▸ Schumannhaus (Nr. 45) ein Büro des Tourismusverbands PTTK untergebracht.

Das wohl berühmteste Patrizierpalais in der Langgasse ist das ● Uphagenhaus (Nr. 12). Die Fassade des 1776 erbauten Hauses vereint Stilelemente von Rokoko und Frühklassizismus. Es gehörte einst dem flämischen Ratsherrn Johann Uphagen und beherbergt heute das Museum der bürgerlichen Wohnkultur (Mo 11–15,

Herausragend: die Sterngewölbe in den Seitenschiffen der Marienkirche

Di–Sa 10–18, So 11–18 Uhr | Eintritt 10 Zł., Mo frei | www.mhmg.gda.pl), in dem sich anhand von viel Originalinterieur (es war während des Kriegs ausgelagert und überstand so die Bombenangriffe) in authentisch eingerichteten Räumen – vom asiatisch inspirierten Teezimmer bis zum Musiksalon – nachempfinden lässt, wie eine reiche Patrizierfamilie zur Zeit des Rokoko lebte.

17 MARIENKIRCHE (KOŚCIÓŁ MARIACKI) ★ ● (117 D4)

Wie für die Ewigkeit gebaut, erhebt sich die größte Backsteinkirche der Welt hinter dem Rathaus über der Rechtstadt. Mit ihrem 82 m hohen kantigen Hauptturm und den schlanken Filialtürmchen auf den gotischen Schmuckgiebeln von Querschiff und Langhaus überragt St. Marien das Häusermeer und lässt an den biblischen Fels in der Brandung denken. So haben sich die reichen Danziger Patrizier das wohl auch vorgestellt, als sie den Bau der Kirche stifteten. Doch sie mussten sich gedulden: 159 Jahre vergingen von der Grundsteinlegung 1434 bis zur Weihe.

25 000 Menschen finden Platz in der 105 m langen und 66 m breiten dreischiffigen Hallenkirche, deren überwältigender Raumeindruck durch filigrane Netz- und Sterngewölbe, den weiß ausgemalten, 30 m hohen Innenraum und das durch 37 haushohe Fenster einfallende Licht magisch verstärkt wird. Der größte Teil der kostbaren Innenausstattung ging im Krieg verloren. Zu den erhaltenen Schätzen gehören über 500 Grabplatten und Epitaphe der hier bestatteten Kaufleute, der spätgotische dreiflügelige Hauptaltar (1471) aus der Werkstatt des aus Augsburg stammenden Meisters Michael und die Danziger „Schöne Madonna" aus dem 15. Jh. in der Annenkapelle. Neben dem Hauptportal in der Reinhardskapelle hängt ein weltberühmtes Bild: „Das Jüngste Gericht" von Hans Memling. Das Gemälde in der Kirche ist allerdings nur eine Kopie. Das Original hängt im Nationalmuseum *(Muzeum Narodowe | siehe S. 50).*

Einer der kostbarsten Schätze der Marienkirche ist die *Astronomische Uhr.* Das 12 m hohe Instrument aus dem Jahr 1470 besitzt ein kompliziertes Kalendarium und eine Himmelsscheibe. Täglich um 12 Uhr setzt sich das Figurenspiel in Bewegung. Dann zeigt die filigrane Feinmechanik, was in ihr steckt. Um den Uhrmachermeister Hans Düringer zu hindern, so ein Kunstwerk auch für eine andere Stadt zu bauen, ließen die Danziger Ratsherren ihn angeblich blenden. Unbedingt zu empfehlen ist der Aufstieg auf den Turm. Es sind über 400 Stufen, doch es lohnt die Mühe: Von der **INS DER TIPP** Aussichtsgalerie liegt Ihnen Danzig zu Füßen.

18 MARKTHALLE (HALA TARGOWA) ● (117 D3)

„Dominikhalle" nennen die Danziger die 1895 im neugotischen Stil erbaute Markthalle auch. Der Name erinnert an das mittelalterliche Dominikanerkloster, das hier einst stand und von dem nur Fundamentreste im Keller der Halle und die Nikolaikirche gegenüber übrig geblieben ist. Unter der breit gewölbten, von Ziertürmchen bekrönten Dachkonstruktion wurde schon immer mit allem gehandelt, was man zum täglichen Leben so braucht. Seit nach umfassender Sanierung ein modernes Einkaufszentrum einzog, hat die Markthalle allerdings viel von ihrem ursprünglichen Charakter verloren. Die einst basarhafte Atmosphäre lebt am ehesten noch ringsum auf der Straße, wo Händler und Rentner an ihren Ständen je nach Jahreszeit Erdbeeren, Blumen, Pilze und Honig feilbieten. Viele vor allem alte Leute, machen das nicht aus „Ökoromantik", sondern aus Armut. Ihre Renten reichen kaum zum Leben. *Pl. Dominikański 1*

19 NIKOLAIKIRCHE (KOŚCIÓŁ ŚW. MIKOŁAJA) (117 D3)

Wie durch ein Wunder hat die gotische Nikolaikirche in der ulica Świętojańska den Krieg ohne Zerstörungen überstanden. Der älteste Sakralbau Danzigs aus dem frühen 13. Jh. war ab 1227 Teil eines Dominikanerklosters und hat seine kostbare Ausstattung deshalb bewahrt. Äußerlich eher schlicht, überrascht St. Nikolai innen mit einem wundervollen vergoldeten Hochaltar und barockem Chorgestühl. Wertvollster Schatz ist eine mittelalterliche Marienikone. Sie stammt allerdings aus Lemberg und wurde 1945 von Dominikanern nach Danzig gerettet. Bekannt ist die Nikolaikirche für ihre **INSIDER TIPP** Chor- und Orgelkonzerte während des Dominikanermarkts *(So ab 15, Mo ab 19 Uhr)*.

20 RECHTSTÄDTISCHES RATHAUS (RATUSZ GŁÓWNEGO MIASTA) ★ (117 D4)

Wo die Langgasse in den Langen Markt mündet, zieht ein reich verzierter Renaissancebau die Blicke auf sich: das Rechtstädtische Rathaus mit seinem 82 m

LOW BUDGET

▶ Bei vielen staatlichen Museen ist montags der Eintritt frei.

▶ Für nur 12 Zł. für 4 Std. können Sie sich den *Audio Guide Gdańsk* ausleihen. Mit Kopfhörer ausgestattet, besichtigen Sie Danzig in Ihrem Tempo und ganz nach Belieben. Zur Wahl stehen 24 Besichtigungstouren, elf Attraktionen der Stadt sowie zwei Touren zu ihrer Geschichte. Für Paare und an Wochenenden gibt es oft besondere Angebote. Verkaufsstelle: *Touristisches Informationszentrum (Centrum Informacji Turystycznej) | Długi Targ 28–29* **(117 D4)** *| Tel. 5 83 01 43 55 und 5 86 83 54 85 | www.audioguide.com.pl*

hohen, filigran gestaffelten Uhrenturm, dessen Spitze eine vergoldete Statue von König Sigismund August II. krönt. Wegen der architektonischen Pracht der Innenausstattung wird es oft mit dem Dogenpalast von Venedig verglichen. Ursprünglich um 1330 im gotischen Stil erbaut, ließen die Stadtväter das Rathaus nach einem Brand 1556 in der Formensprache der flämischen Renaissance umgestalten und verpflichteten dazu drei der damals berühmtesten Architekten und Künstler Europas: Anthonis van Obbergen, Isaak van den Blocke und Willem van der Meer. Die Schmuckfassade hat im Lauf der Jahrhunderte ihr Aussehen immer wieder gewandelt. Das üppige Hauptportal etwa ist ein Werk des Spätbarocks.

Das nach alten Vorlagen originalgetreu restaurierte Innere birgt seit 1973 das *Museum für Stadtgeschichte (Muzeum Historyczne Miasta Gdańska | Mo 11–15, Di–So 10–18 Uhr | Eintritt 10 Zł, Mo frei | Długa 47 | www.mhmg.pl)*. Besonders sehenswert ist die Ausstellung „Danzig – Zerstörung und Wiederaufbau".

Der beeindruckende große Ratssaal, wegen der damastbespannten Wände auch „Roter Saal" genannt, schwelgt in manieristischer Pracht. Allein der bis zur Decke reichende Prunkkamin von 1593 mit dem von zwei Löwen gehaltenen Danziger Wappen ist ein Kunstwerk für sich. Die Decke des Saals zieren 25 Gemälde mit biblischen und allegorisch-antiken Motiven.

Im Rathausturm hängt seit 1561 ein Glockenspiel, dessen 14 Glocken im Jahr 2000 um 23 weitere ergänzt wurden. Es erklingt zu jeder vollen Stunde, `INSIDERTIPP` besonders schön und lange um 12 Uhr mittags. Und wem die Marienkirche zu hoch erscheint: Auch auf dem Rathaus der Rechtstadt gibt es eine Aussichtsplattform für einen schönen Blick auf die Stadt bis hinüber zur Ostsee.

21 SPEICHERINSEL (WYSPA SPICHRZÓW) (117 D–E 4–5)

Seit Jahren gibt es Pläne, die Speicherinsel in der Mottlau südlich des Bleihofs wieder aufzubauen. Bislang ist es bei

Respekt einflößend in seiner Pracht: der repräsentative „Rote Saal" im Rechtstädtischen Rathaus

den Plänen geblieben. Nur einige wenige Bauten nahe dem *Milchkannentor (Stągwie Mleczne)* entstanden neu, der Rest liegt brach. Ein Mahnmal wider Willen, zwischen Mauerresten wuchert Unkraut. Die Speicherinsel wurde im Zweiten Weltkrieg völlig zerstört. Beim Anblick der Ruinen ist kaum noch vorstellbar, dass hier in der Blütezeit mehr als 300 Speicher standen – ein verschachteltes System aus Lagerhäusern, die klingende Namen trugen wie „Arche Noah" oder „Jungfrau". Danzig machte mit dieser Schatzkammer auch Politik: Auf der Speicherinsel wurde nicht nur Schiffsfracht umgeschlagen, sondern wurden auch Waren gelagert, um sie künstlich zu verknappen und den Preis hochzutreiben. Das einst größte Speicherviertel Europas mit einer Geschichte, die bis ins 14. Jh. zurückreicht, wurde früh zum Machtsymbol der Seehandelsstadt an der Ostsee.

In den Ruinen des Speichers „Steffen" vis-à-vis dem Yachthafen liegt die einzige Kneipe auf der Speicherinsel, ein uriger Laden mit dem Namen *Klub Zejman* (Seemannsklub), der gleichzeitig ein Museum ist. Hier erleben Sie jeden Donnerstag ab 20 Uhr unvergessbare, schwurgvolle INSIDER TIPP Shanty-Abende *(Di–So ca. 17–22 Uhr | Eintritt nur nach tel. Anmeldung: 2 Zł. | Chmielna 111–113 | Tel. 6 69 07 05 57).*

22 STOCKTURM & PEINKAMMER (KATOWNIA I WIEŻA WIĘZIENNA)
(115 C4)

Mitten zwischen Goldenem und Hohem Tor, den Triumphportalen in die Rechtstadt, ragt dunkel backsteinrot der gotische Stockturm und die mit ihm verbundene Peinkammer mit ihren finsteren Zellen auf. Der wuchtige Komplex aus dem 14. Jh. war Teil der mittelalterlichen Stadtbefestigung, diente zugleich als Ge-

richtsgebäude und von 1604 bis 1854 als berüchtigtes Gefängnis.

Freundlicher geht es im Stockturm zu. Hier zeigt das ● *Bernsteinmuseum (Muzeum Bursztynu | Di 10–15, Mi–Sa 10–16, So 11–16 Uhr | Eintritt 10 Zł., Mo frei | Targ Węglowy 26 | www.mhmg.gda.pl),* eines der besten in Europa, seine Schätze. Auf fünf Stockwerken ist das Gold der Ostsee in über 5000 Exponaten zu bewundern, von riesigen Rohbernsteinbrocken bis zu extravaganten Schmuckideen junger Danziger Bernsteindesigner.

ALTSTADT (STARE MIASTO)

Die Danziger Altstadt beginnt nördlich des Altstädtischen Grabens (*Podwale Staromiejskie*), wo noch Reste der mittelalterlichen Befestigungsanlagen zu sehen sind, und wird im Westen durch den einstigen Stadtgraben (*Podwale Grodzkie*), im Norden durch die ulica Wałowa begrenzt.

Historisch stand sie immer im Schatten der reichen Rechtstadt. In der Altstadt, in der die Stadtgeschichte im 10. Jh. ihren Anfang nahm, lebten vor allem slawische Fischer und Handwerker, die Häuser waren einfacher, provinzieller. Wer hier doch zu Reichtum aufgestiegen war, wohnte in der „Pfefferstadt" (*Korzenna*), dem auch heute noch sichtlich wohlhabenden Quartier rings um das Altstädtische Rathaus.

Auch die Altstadt wurde im Zweiten Weltkrieg fast vollständig zerstört. Im Gegensatz zur Rechtstadt baute man allerdings nur einige wenige bedeutsame Baudenkmale wieder auf, das Straßenbild prägen heute vor allem schmucklose Wohnbauten, Einkaufszentren und Läden. Dennoch gibt es auch in der Altstadt auf den Spuren der Stadtgeschichte noch vieles zu entdecken – etwa 100 authentische Gebäude sind erhalten –, und der kontrastierende Mix aus Alt und Neu macht einen zusätzlichen Reiz aus: Wer das Danzig der Gegenwart erleben will, wird dem hier sicher näher kommen als in der touristischen Rechtstadt.

1 ALTSTÄDTISCHES RATHAUS (RATUSZ STAREGO MIASTA) (116 C3)

Im Vergleich zum Rathauspalast der Rechtstadt wirkt der kubische Backsteinbau mit seinem schlanken Turm und den markanten Ecktürmchen regelrecht schlicht, wenngleich auch hier der Manierismus, diese Spielart der Spätrenaissance, Pate stand und ein berühmter

Die Muttergottes: Detail des Bernsteinaltars in der Brigittenkirche

Baumeister den Entwurf lieferte: Das Altstädtische Rathaus, erbaut 1587–95, ist ein Werk des niederländischen Architekten Anthonis van Obbergen. Rathaus ist das Rathaus allerdings schon seit 1793 nicht mehr. Es beherbergt heute das *Baltische Kulturzentrum NCK (www.nck.org.pl)*, eine Buchhandlung und eine kleine Galerie. Eine Gedenktafel am Eingang erinnert an den Danziger Bierbrauer und Astronomen Johannes Hevelius (1611–87), der hier lange als Ratsherr und Bürgermeister wirkte und „nebenbei" im Keller sein berühmtes Schwarzbier lagerte. Und dort natürlich auch ausschenken ließ. In dem historischen Ratskeller gibt es immer noch eine Kneipe, in der Sie das würzige „Heweliusz"-Bier probieren können. Der *Irish Pub (Di–Sa ab 17 Uhr | Korzenna 33 | Tel. 5 83 20 24 74 | www.irish.pl)* ist ein beliebter Treff von Intellektuellen, Künstlern und Journalisten. Am meisten ist hier an Wochenenden los, nach 22 Uhr, dann gibt's oft Livemusik von Irish Folk bis Jazz.

2 BRIGITTENKIRCHE (KOŚCIÓŁ ŚW. BRYGIDY) (117 D2)

Die Kirche der Solidarność. Berühmt wurde das nahe der Werft gelegene Gotteshaus während des Ausnahmezustands 1980 – als Treffpunkt und Aktionszentrum der jungen freien Gewerkschaft um Lech Wałęsa. Der Propst der Brigittenkirche, Henryk Jankowski, war Wałęsas Beichtvater und einer der ersten Kirchenmänner, die die Streikenden und ihre Solidarność-Bewegung offen unterstützten. Die Brigittenkirche wurde im Zweiten Weltkrieg stark zerstört. Viel blieb nicht erhalten von der prachtvollen Ausstattung der vom 14. bis zum 16. Jh. erbauten Basilika; das feine Netzgewölbe kontrastiert mit dem schlichten, fast modern wirkenden Inneren. Im Chor entsteht seit einigen Jahren ein 11 m hoher,

SEHENSWERTES IN DER ALTSTADT

1 Altstädtisches Rathaus (Ratusz Starego Miasta)

2 Brigittenkirche (Kościół św. Brygidy)

3 Große Mühle (Wielki Młyn)

4 Hauptbahnhof (Dworzec Główny)

5 Haus der Pelpliner Äbte (Dom Opatów Pelplińskich)

6 Heveliusplatz & -straße, Heveliuspark (Plac, ulica, Park Heweliusza)

7 Josephkirche (Kościół św. Józefa)

8 Katharinenkirche (Kościół św. Katarzyny)

9 Neues Rathaus (Nowy Ratusz)

10 Polnische Post (Muzeum Poczty Polskiej)

INSIDER TIPP monumentaler Bernsteinaltar in Form einer aufstrebenden Lilie. Das Kunstwerk ist dem Andenken jener 28 Werftarbeiter gewidmet, die bei Protesten im Dezember 1970 ums Leben kamen. Bislang sind von dem Altar allerdings erst einige Fragmente ausgestellt. *Profesorska 17*

3 GROSSE MÜHLE (WIELKI MŁYN) (116 C3)

Auf einer künstlich angelegten Insel im Radaune-Kanal thront schwer das imposanteste historische Bauwerk der Danziger Altstadt: die Große Mühle. Der von den Rittern des Deutschen Ordens um 1350 angelegte Backsteinbau mit dem mächtigen sechsstöckigen Satteldach gilt als größtes mittelalterliches Industriedenkmal Europas. Angetrieben von 18 riesigen Wasserrädern, je 5 m durchmessend, mahlte die Ordensmühle pro Tag bis zu 200 t Getreide – für mittelalterliche Verhältnisse eine gigantische Menge. Das gemahlene Getreide lagerte man unter dem Dach.

Einstmals Zentrum des Müllerhandwerks, heute Einkaufszentrum: Große Mühle

Bis 1944 war die Große Mühle in Betrieb. Kurz vor Kriegsende brannte sie nach einem Bombentreffer aus und blieb danach lange Ruine. 1997 zog hier das erste „westlich orientierte" Einkaufszentrum Danzigs ein *(Wielki Młyn | Mo–Fr 11–19, Sa 11–15 Uhr)*. Für den Shoppingtempel mit seinen Läden und Cafés mag das nostalgische Ambiente reizvoll wirken, das Baudenkmal hat dadurch im Inneren seinen einstigen Charakter verloren. Der schmucke Fachwerkbau neben der Großen Mühle war einmal das Müllerzünftehaus. *Wielkie Młyny 16*

Auf der anderen Seite der ulica Rajska Wielkie Młyny steht am Radaune-Kanal mitten in malerischem Grün die *Kleine Mühle (Mały Młyn)*. Auch sie gehörte mit ihren immerhin noch sechs Mahlwerken einst zu den größten Wassermühlen im Ordensland und diente später für die Große Mühle als Getreidespeicher. Heute hat hier der Polnische Anglerverband seinen Sitz.

4 HAUPTBAHNHOF (DWORZEC GŁÓWNY) (116 C2)

Der Danziger Hauptbahnhof am westlichen Rand der Altstadt galt nach seiner Fertigstellung im Jahr 1900 als einer der repräsentativsten Bahnhöfe Europas: ein Schmuckbau im Stil der Neorenaissance mit einem 48 m hohen Turm, den die Architekten dem des Rechtstädtischen Rathauses nachempfunden hatten. Selbst von Weitem ist der Eindruck immer noch imposant. Aus der Nähe wirkt der Bahnhof allerdings sehr ungepflegt und könnte eine Renovierung gut vertragen. Mit Kiosken, Verkaufsständen und Reklame verbaut, ist die ursprüngliche Atmosphäre seines Innenraums heute kaum noch nachzuerleben.

5 HAUS DER PELPLINER ÄBTE (DOM OPATÓW PELPLIŃSKICH) (116 C3)

Mitten im gotischen Ensemble der Altstadt zwischen Elisabeth- und Josephkirche steht eines der schönsten Bauwerke des Danziger Manierismus: das Haus der Pelpliner Äbte, erbaut um 1610 nach Entwürfen des Artushof-Architekten Abraham van den Blocke. Das Palais hat den Krieg unbeschadet überstanden. Bauen ließen das Haus die Mönche des berühmten Zisterzienserklosters Pelplin, 50 km südöstlich von Danzig. Heute residiert hier sehr stilvoll das Kunsthistorische Institut der Danziger Universität. *Elżbietańska 3*

6 HEVELIUSPLATZ, -STRASSE, -PARK (PLAC, ULICA, PARK HEWELIUSZA) (116 C3)

Die Danziger sind mächtig stolz auf ihren Ehrenbürger, den nach Nikolaus Kopernikus berühmtesten polnischen Astronomen Johannes Hevelius (1611–87). Er kartografierte als Erster den Mond, entdeckte Sterne und erklärte die Sonnenflecken. In der Altstadt, wo er lebte und auf dem Dach eines Hauses in der Pfefferstadt *(Korzenna)* auch seine Sternwarte betrieb, heißen nicht nur eine Straße und ein wichtiger Platz nach ihm. Im Heveliuspark, der gegenüber dem Altstädtischen Rathaus beginnt, steht auch ein Denkmal des Astronomen und Ratsherrn, dessen Geburtstag sich 2011 zum 400. Mal jährte. An einer Hauswand am Rand des Parks ist eine INSIDER TIPP Vergrößerung seiner berühmten Himmelskarte zu sehen. Johannes Hevelius entstammte einer alten Danziger Brauerfamilie und blieb dieser Berufstradition sein Leben lang treu. Eine von ihm kreierte Starkbiersorte gibt es immer noch, unter passendem Namen „Heweliusz".

7 JOSEPHKIRCHE (KOŚCIÓŁ ŚW. JÓZEFA) (116 C3)

Die 1482 vom Karmeliterorden erbaute, 1945 von der Sowjetarmee niedergebrannte gotische Altstadtkirche dient heute vor allem als Ausstellungsort des *Baltischen Kulturzentrums NCK.* Auch Konzerte und Theateraufführungen finden hier regelmäßig statt. Besuchern fällt als Erstes das frei stehende Portal vor der Kirche auf. Es gilt als Zeichen, dass die Kirche und das sie einst umgebende

ENTSPANNEN & GENIESSEN

Etwa 12 km vom Stadtzentrum entfernt liegt die himmlische Oase ● *Spa Dwór Oliwski (Mo 10–21.30, Di–So 8–22 Uhr | Tageskarte 105 Zł. | Bytowska 4* **(120 B3)** *| Tel. 5 85 54 70 05 | www. dworoliwski.pl).* Mittelpunkt ist ein herrliches Schwimmbecken mit Waldblick. Dazu gibt es Hydromassagen, drei Saunas, einen Jacuzzi sowie einen „Sonnenstrand": Auf bequemen, beheizten Kachelbänken werden Sie von oben mit Solarienstrahlen beschienen. Wenn Sie die Augen schließen, haben Sie das Gefühl, Sie seien am Strand. Rund um das Schwimmbecken kann man auf normalen Liegestühlen Bücher lesen oder einfach nichts tun.

Wollen Sie die Zeit hier etwas aktiver genießen, dann melden Sie sich vorher telefonisch zum Aqua-Aerobic an *(in Gruppen bis zu 10 Personen Mo 10.15 u. 18 Uhr, Mi 17.30 u. 19 Uhr | 45 Zł.)* oder zum Nordic Walking in dem wunderschönen Wald um Oliwa, der Landschaftsschutzgebiet ist *(Dauer 90 Min. | Sa 12 Uhr | 30 Zł. in Gruppen von mindestens drei Personen, individuelles Training 70 Zł.).*

Kloster ursprünglich viel größer werden sollten. Doch den Karmelitern ging angeblich das Geld aus. *Bielańska*

8 KATHARINENKIRCHE (KOŚCIÓŁ ŚW. KATARZYNY) (117 D3)

Neben der rechtstädtischen Nikolaikirche ist St. Katharina Danzigs ältestes Gotteshaus. Schon 1185 stand hier eine hölzerne Kirche, gestiftet vom Herzog von Pomerellen. Ihre heutige gotische Form stammt aus dem 13. Jh., die markante, reich gegliederte Haube des Glockenturms mit den fünf Filialtürmchen entstand unverkennbar in der geschwungenen Formensprache des Barocks. Die kostbare Ausstattung der dreischiffigen Hallenkirche überstand den Krieg, sie war rechtzeitig ausgelagert worden. Doch 2006 brach ein Feuer in der Kirche aus. Der Großbrand vernichtete vieles, unter anderem einen berühmten Hoch-

altar. Seither wird die Katharinenkirche restauriert, ist aber (mit Einschränkungen) für Besucher geöffnet.

Im Chor des stolzen gotischen Sakralbaus liegt unter einem Epitaph aus schwarzem Marmor Johannes Hevelius begraben. Im ● Turm spielt ein Carillon (Glockenspiel) aus 49 Glocken, die kleinste knapp 10 kg, die größte 2 t schwer, zu jeder vollen Stunde Beethovens „Ode an die Freude". Außerdem kann man im Turmgeschoss ein kleines *Uhrenmuseum* besichtigen. *Wielkie Młyny*

9 NEUES RATHAUS (NOWY RATUSZ) (116 C3)

Einst befehligte von dem 1898–1901 erbauten Palast im Stil der Neorenaissance aus die preußische Generalität ihre Danziger Garnison, dann zog (zwischen den Weltkriegen) der Hohe Kommissar des Völkerbunds ein, um über das

Den Verteidigern der Polnischen Post im September 1939 wurde 1979 dieses Denkmal gesetzt

Wohl der Freien Stadt zu wachen, nach dem Krieg abgelöst vom Städtischen Komitee der Polnischen Arbeiterpartei. Seit 2000 werden hier alle wichtigen Entscheidungen der Stadt getroffen: In dem meisterhaft restaurierten, nachts effektvoll beleuchteten Backsteinbau am Jagiellonen-Wall haben Oberbürgermeister und Stadtrat ihren Sitz. Öffentlich zugänglich ist das Neue Rathaus leider nicht, hinter dessen harmonisch gegliederter Ziergiebelfassade vor allem der prächtige Ratssaal sehenswert wäre. *Wały Jagiellońskie 1*

10 POLNISCHE POST (MUZEUM POCZTY POLSKIEJ) ★ ● (117 D2)

In Danzig brach der Zweite Weltkrieg aus, und die Polnische Post wurde damals zum Symbol – für das deutsche Verbrechen und den heroischen, wenngleich chancenlosen Abwehrkampf der Polen. Als die Wehrmacht am 1. September 1939 die Westerplatte zu beschießen begann griffen deutsche Soldaten kurz darauf auch die Polnische Post an. Die 56 Postmitarbeiter verteidigten sich fast 14 Stunden lang gegen die deutschen Angreifer, dann mussten sie aufgeben. Die ersten Angestellten, die das Gebäude mit weißer Fahne verließen, wurden sofort erschossen, die anderen 39 Überlebenden ein ge Tage darauf wegen Freischärlerei zum Tod verurteilt.

Den Verteidigern der Post ist ein 1979 vom Bildhauer Wincenty Kucma geschaffenes Denkmal auf dem einstigen Hansaplatz gewidmet. Im historischen Postgebäude erinnert ein *Museum,* gerade multimedial erweitert, an die Geschichte der Polnischen Post. Günter Grass hat den Kämpfen in seinem Roman „Die Blechtrommel" ein literarisches Denkmal gesetzt. *Mo 11–15, Di–Sa 10–18, So 11–18 Uhr | Eintritt 5 Zł., Mo frei | Plac Obrońców Poczty Polskiej 1–2 | www.mhmg.gda.pl*

ALTE VORSTADT (STARE PRZED- MIEŚCIE)

In der Alten Vorstadt, die sich südlich der Rechtstadt zwischen Vorstädtischem Graben *(Podwale Przedmiejskie)*, Radaune-Kanal und Neuer Mottlau erstreckt, sind nach dem Krieg noch weniger historische Gebäude rekonstruiert worden als in der Altstadt.

Stattdessen baute man Wohnblocks nach Art sozialistischer Tristesse, vieles blieb brachliegend oder in Trümmern – die berühmte Speicherinsel etwa. Doch seit einigen Jahren erlebt das einst graue Viertel nun seine Renaissance. An vielen Stellen wird gebaut, renoviert, saniert, längs der Mottlau sind schmucke Häuserzeilen entstanden, und die nachgebauten Häuser z. B. in der *Milchkannenstraße (ul. Stągiewna)* sind bis ins letzte Detail perfekt gelungen. Die Alte Vorstadt hat sich zu einem der angesagtesten Stadtviertel gemausert, die Immobilienpreise klettern kräftig, denn die modernen Wohnungen sind begehrt, vor allem bei jungen Danzigern, die gut verdienen.

Historisch gesehen ist die Vorstadt eigentlich eine spätmittelalterliche Neustadt. Sie entstand, als in der Rechtstadt der Platz knapp wurde: Die Ratsherren ließen die südlich angrenzende sumpfige Niederung trockenlegen und bebauen. In der Vorstadt siedelten sich vor allem Handwerker und Händler an, längs der Mottlau entstand die „Werftenmeile" des alten Danzig.

1 LEEGES TOR (BRAMA NIZINNA) & STADTBEFESTIGUNGEN (116 C6)

Das auch *Niedertor* genannte, von manieristischen Formen geprägte säulenverzierte Tor, 1626 nach Entwürfen des Danziger Festungsbaumeisters Hans Strakowski entstanden, markierte einst den südlichen (Haupt-)Eingang der Alten Vorstadt. Zusammen mit den mächtigen Bastionen *Gertrud* und *Auerochs (Żubr)* nebenan gehörte das zweistöckige Tor in der heutigen *ulica Grodzka Kamienna* zu einer massiven spätmittelalterlichen Befestigungsanlage, die die Stadt im Dreißigjährigen Krieg gegen Angriffe vor allem der Schweden schützen sollte. Ursprünglich umfasste dieser Verteidigungsring 14 Bastionen. Sechs von ihnen überdauerten die Zeit.

Ein interessantes Bauwerk der alten Stadtbefestigung ist auch die *Große Steinschleuse (Kamienna śluza),* die man nach einem kurzen Spaziergang durch die Grünanlage hinter dem Niedertor erreicht. Sie hatte eine Doppelfunktion: Neben dem Hochwasserschutz konnte man mit ihr im umgekehrten Sinn einer Wehrschleuse zu Kriegszeiten weite Teile der Vorstadt unter Wasser setzen, um Angreifern den Zugang zur Danziger Niederung zu erschweren.

Reste der im 15. Jh. angelegten Stadtmauer sind an mehreren Stellen im Süden der Altstadt zu finden. Zur Stadtbefestigung gehörte einst auch der *Weiße Turm (Baszta Biała)* von 1461 in der *ulica Rzeźnika* nahe der Trinitatiskirche. In ihm wurde einst das Pulver für die Kanonen und Schießeisen der Danziger gelagert.

2 NATIONALMUSEUM (MUZEUM NARODOWE) ★ (116 C5)

Das ehemalige Franziskanerkloster in der Alten Vorstadt, erbaut von 1480 bis 1514, beherbergt heute eine der wertvollsten musealen Sammlungen Polens. Neben chinesischem Porzellan, Goldschmuck, Altdanziger Möbeln, allerhand Preziosen in Gold und Silber und mittelalterlichen Statuen fasziniert der reiche Malereifundus, unter anderem mit Werken flämischer Meister von Pieter Breughel d. Ä. bis Anthonis van Dyck. Größter Schatz des Nationalmuseums ist jedoch das

Das Nationalmuseum beherbergt auch eine reichhaltige Sammlung sakraler Kunst

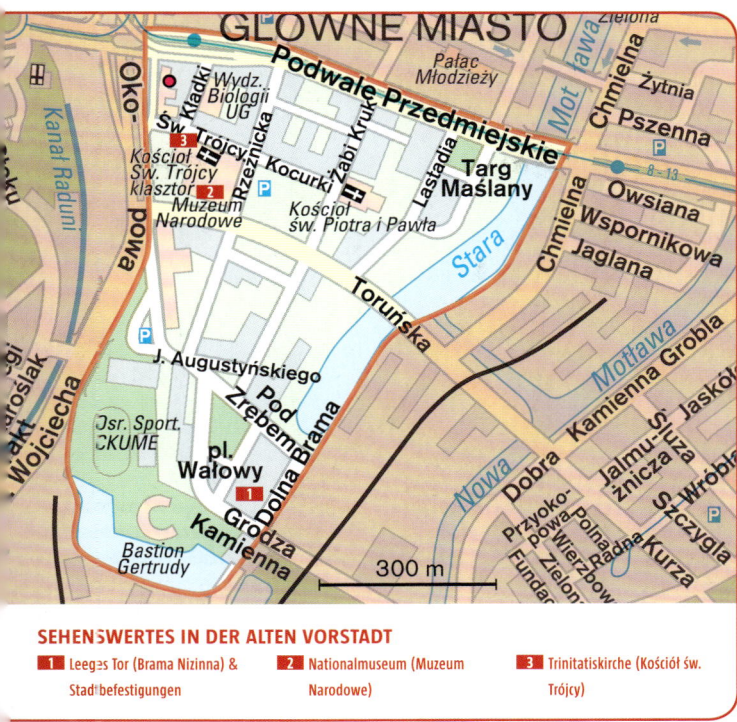

SEHENSWERTES IN DER ALTEN VORSTADT

1 Leeges Tor (Brama Nizinna) & Stadtbefestigungen

2 Nationalmuseum (Muzeum Narodowe)

3 Trinitatiskirche (Kościół św. Trójcy)

● Triptychon „Das Jüngste Gericht" von Hans Memling (um 1467). Das weltberühmte Gemälde galt nach dem Krieg zunächst als verschollen, erst 1952 kam es nach langer Irrfahrt aus Leningrad zurück. *Mai und Sept. Di–So 10–17, Juni–Aug. 12–19, Okt.–April Di–Fr 9–16, Sa, So 10–17 Uhr | Eintritt 10 Zł., Fr frei | Toruńska 1 | www.muzeum.narodowe.gda.pl*

3 TRINITATISKIRCHE (KOŚCIÓŁ ŚW. TRÓJCY) (116 C5)
Zum Franziskanerkloster gehörte ursprünglich auch die Dreifaltigkeits- oder Trinitatiskirche nebenan, zweitgrößtes Gotteshaus von Danzig und ein schönes Beispiel der Backsteingotik in Nordpolen.

Die dreischiffige Hallenkirche, erbaut 1420–1514, gehört heute wieder dem Franziskanerorden. Sie birgt unter anderem das Grab von Giovanni Bernardo Bonifacio d'Oria (1517–97), einem aus Neapel stammenden Gelehrten, der die erste öffentliche Bibliothek Danzigs stiftete.

AM RAND DER STADT

EHEMALIGE LENIN-WERFT (STOCZNIA GDAŃSKA) ★ (116–117 C–D1)
Nördlich der Altstadt, wenige Gehminuten vom Hauptbahnhof, erstreckt sich

Lenin-Werft: Drei riesige Kreuze erinnern an die Opfer des ersten Werftarbeiteraufstands 1970

das Gelände der ehemaligen Danziger Lenin-Werft. Im August 1980 rückte der Betrieb in den Mittelpunkt der Weltöffentlichkeit, als die Werftarbeiter um den charismatischen Elektriker Lech Wałęsa die Gründung der freien Gewerkschaft „Solidarność" erstreikten. Es war der Anfang vom Ende des sowjetisch diktierten Staatssozialismus in Europa. Schiffe werden heute auf dem riesigen Industrieareal nicht mehr gebaut: Die Lenin-Werft, wo in Glanzzeiten über 20 000 Menschen beschäftigt waren, ging 1997 pleite. Die Reste wurden privatisiert. Inzwischen gibt es Pläne, auf dem Gelände unter dem Namen *Młode Miasto (Junge Stadt)* ein schickes Wohn- und Geschäftsviertel zu erbauen. Einstweilen nutzt eine junge Kunst- und Kulturszene einen Teil der alten Werfthallen als INSIDER TIPP Ateliers, Ausstellungs- und Proberäume und als schrillbunte Graffitibühne.

Am berühmten früheren Haupteingang der Werft, dem heutigen Solidarność-Platz, erinnert ein monumentales Denkmal *(Pomnik Poległych Stoczniowców)* an die Opfer des ersten Werftarbeiteraufstands von 1970. Es besteht aus drei miteinander verbundenen, 42 m hohen Metallkreuzen. Die Aufstellung des Denkmals war eine Forderung des 1980er-Streiks. Dessen Geschichte und die Zeit bis zur Gründung des ersten frei gewählten Parlaments in Polen dokumentiert die sehr sehenswerte multimediale Ausstellung *„Wege zur Freiheit" (Drogi do Wolności)*, derzeit in einem Bunker untergebracht, fünf Gehminuten vom historischen Haupteingang der Werft, wo Vertreter der Streikkomitees und der polnischen Regierung 1980 verhandelten – die Bilder gingen um die Welt. *Mai–Sept. Di–So 10–18, Okt.–April 10–17 Uhr | Eintritt 6 Zł., Mi 2 Zł. | Wały Piastowskie 24 | www.fcs.org.pl | Straßenbahn 10–13: Dworzec Główny*

LEUCHTTURM NEUFAHRWASSER (LATARNIA MORSKA W NOWYM PORCIE) 〽 *(U E4) (🗺 D6)*

Immer noch gilt der 1894 nach dem Vorbild des Hafenfeuers von Cleveland (USA) erbaute Leuchtturm Neufahrwasser als einer der schönsten an der Ostsee. Bis 1985 lotsten die Blinks des achteckigen Turms die Schiffe gegenüber der Westerplatte in das Hauptfahrwasser. Dann stand er lange leer und verfiel – bis ein Danziger Unternehmer ihn kaufte, renovierte und 2004 für Besucher öffnete. Vom Lichthaus in 27 m Höhe fliegt der Blick weit hinaus auf die Ostsee und hinüber zur Westerplatte. Wegen seiner Nähe zu diesem polnischen Munitionsdepot hat der Leuchtturm Neufahrwasser zeitgeschichtlich eine Rolle gespielt: Unter anderem von hier aus wurde am 1. September 1939 auf die Westerplatte geschossen. Der Angriff markiert den Beginn des Zweiten Weltkriegs.

Auf Neufahrwasser kann man sich einen **INSIDER TIPP ▶ Leuchtturmpass** ausstellen lassen – und in diesem dann jeden weiteren Besuch eines Leuchtturms an der polnischen Ostseeküste abstempeln lassen. *Mai–Mitte Juni Sa, So 10–18, Mitte Juni–Aug. tgl. 10–18, Sept. Sa, So 10–17 Uhr | Eintritt 7 Zł. | Przemysłowa 6 | Tel. 5 87 60 16 42 | www.latarnia.gda.pl | Straßenbahn 13, 15: Brzeźno; 10: Nowy Port Góreckiego*

WESTERPLATTE ● (U E4) (⌘ D–E6)

Am Morgen des 1. September 1939 beschoss der deutsche Panzerkreuzer „Schleswig-Holstein" das polnische Munitionslager auf der zur Freien Stadt Danzig gehörenden Halbinsel Westerplatte. Es waren die ersten Schüsse, die im Zweiten Weltkrieg fielen. 182 polnische Soldaten leisteten den deutschen Truppen sieben Tage lang erbitterten Widerstand und gingen als Helden in die Geschichte ein. Heute ist die Westerplatte ein groß angelegter Park mit den Ruinen der Kasernen und Bunker, dem Friedhof für die Gefallenen sowie einer Ausstellung im ehemaligen *Wachhaus Nr. 1 (s. S. 92)*. Zurzeit wird

SPORT LIVE ERLEBEN

▶ *Lechia Gdańsk* – Diese Fußballmannschaft ist wegen ihrer Vereinsfarben allgemein als „die Weiß-Grünen" bekannt. Der Verein wurde gleich nach dem Zweiten Weltkrieg 1945 gegründet und stieg 1948 in die 1. Liga auf. Nach diversen Auf- und Abstiegen spielt das Team seit 2008 in der höchsten polnischen Liga, der Ekstraklasa. Größter Erfolg der Vereinsgeschichte war 1983 der Gewinn des polnischen Pokals. Seit 2011 trägt Lechia seine Heimspiele in der *PGE Arena (Ticket 20–100 Zł. | ul. Pokoleń Lechii Gdańsk 1* (U D4) (⌘ D6) | Tel. 5 87 68 86 88 | www.lechia.pl) aus, die für die Spiele der Fußball-Europameisterschaft 2012 gebaut wurde.

▶ *Trefl Gdańsk* – Die Danziger Volleyballmannschaft wurde erst 2005 gegründet und spielt in der 1. Liga. Heimspiele in der *Miejska Hala Sportowa (Ticket 10 Zł. | Kolobrzeska 63* (U D4) (⌘ D6) | Tel. 5 85 51 09 45 | www.mosir.gda.pl).

▶ ● *Asseco Prokom* – Einer der besten europäischen Basketballvereine ist in Gdynia zu Hause. Besonders die Spiele in der Euroleague erhöhen jedes Mal den Adrenalinspiegel. Tolle Wettkampfatmosphäre! In den Viertelpausen treten die Cheerleaders auf. *Hala Sportowa Gdynia | Ticket 15–40 Zł. | Kazimierza Górskiego 8* (U C1) (⌘ D5) | Tel. 5 87 83 55 00 | www.asseco.prokom.pl

die gesamte Anlage renoviert mit dem Ziel, sie genau so wieder herzustellen, wie sie am 1. September 1939 aussah. Am äußersten Ende der Halbinsel wurde 1966 eine 23 m hohe Stele zu Ehren der gefallenen polnischen Soldaten errichtet. *Mai–Sept. tgl. 9–16 Uhr | Eintritt 3 Zł. | www.mhmg.gda.pl/westerplatte.htm | ZTM-Bus 106: Westerplatte, 25. Juni–Aug. Sa, So Expressbus 606: Westerplatte*

ZASPA (U D4) (ⵁ D6)

Nicht gerade ein alltäglicher Touristentrip ist der Abstecher nach Zaspa. Trostlos ist es in diesem Stadtteil von Danzig, doch an den Wänden der Plattenbauten haben sich junge Künstler haushoch verewigt. Wer etwas Zeit und die nötige Entdeckerlust mitbringt, kann dort spektakuläre **INSIDER TIPP** Wandmalereien bestaunen. Mit dem Vorortzug fahren Sie vom Danziger Hauptbahnhof in Richtung Gdynia; wenn Sie an der Station Zaspa aussteigen, sind von dort in einiger Entfernung bereits die ersten Wandmalereien an den Häusern auszumachen. *SKM-Zug: Zaspa*

AUSSERHALB DER STADT

GDINGEN (GDYNIA) (U C1–2) (ⵁ D5)

Noch vor 1918 war Gdynia, 20 km nördlich von Danzig, ein unbedeutendes kaschubisches Fischerdorf. Der beispiellose Aufstieg begann, als der Ort nach dem Ersten Weltkrieg mit gewaltigem Aufwand zum wichtigsten Hafen der wieder gegründeten Republik Polen ausgebaut wurde. Innerhalb weniger Jahre stampfte man eine Großstadt mit über 200 000 Ew. aus dem Boden. Das riesige Hafengelände prägt die jüngste Stadt der polnischen Ostseeküste bis heute. Gdynia ist

einer der wichtigsten Warenumschlagplätze Polens und das boomende Wirtschaftszentrum der Dreistadt. Backsteingotik und Renaissance hat die quirlige Stadt naturgemäß nicht zu bieten, dafür eine vom Bauhausstil geprägte moderne City mit vielen Geschäften und Boutiquen längs der beiden großen Boulevards *Starowiejska* und *Świętojańska*.

Beliebtester Treffpunkt der Hafenstadt ist die breite Südmole *(Molo Południowe)*, an der unter anderem das Segelschulschiff „Dar Pomorza" („Gabe Pommerns") vertäut liegt. Heute kann man den Dreimaster besichtigen, er wurde zu einem schwimmenden *Museum (Juli, Aug. tgl. 9–18, Sept.–Nov. Di–So 10–16 Uhr | Eintritt 8 Zł.)*. Nebenan liegt, ebenfalls als schwimmendes Ausstellungsstück, der polnische Zerstörer „Błyskawica".

Einen Ausflug wert ist Gdynia aber vor allem auch wegen des landesweit einzigartigen **INSIDER TIPP** *Ozeanografischen Museums (Akwarium Gdynskie | April, Mai, Sept. tgl. 9–19, Juni, Aug. 9–20, Okt.–März 10–17 Uhr | Eintritt 24 Zł. | www.akwarium.gdynia.pl):* In den Meeres- und Süßwasseraquarien – es sind über 60 in Größen zwischen 200 und 7000 l – tummeln sich Meeresschildkröten, bunte tropische Fische und Seepferdchen, Piranhas, Hechte und Haie. Sogar ein (junger) Riesenkrake ist zu sehen.

ZOPPOT (SOPOT) (U C–D3) (ⵁ D5–6)

Vom Norden her gegen Brandung geschützt durch die Halbinsel Hel, im Westen eingerahmt von den bewaldeten Hügelketten Kaschubiens, liegt Sopot (43 000 Ew.), Polens elegantes Ostseebad und heute auch Zentrum des Nachtlebens mit den angesagtesten Clubs und Kneipen. Es ist das milde Klima, dem die „Riviera des Nordens" ihre um 1824 mit einem kleinen Militärsanatorium in Zoppot beginnende Beliebtheit verdankt. Der Aufstieg zum Glamour-Strandbad der Schönen und Reichen begann erst hundert Jahre später, in den Goldenen Zwanzigern, als die Bohème aus Berlin und Danzig sich in dem kaschubischen Fischernest eine Insel des mondänhemmungslosen Genießens einrichtete, mit Spielkasinos, Pferderennbahn und einer Waldoper samt Wagner-Festspiel, das Zoppot den Beinamen „Bayreuth des Ostens" eintrug.

Wagner ist Geschichte, die *Waldoper* (1909) gibt es immer noch, heute mit 4000 Plätzen Bühne für Rockkonzerte internationaler Stars. Viele der Villen, in den 1920ern im verspielten Stil der Bäderarchitektur längs des Strands erbaut, sind meisterlich restauriert worden. Hauptstraße des Seebads ist der Flanierboulevard *Bohaterow Monte Cassino,* gesäumt von Cafés, Restaurants und Läden. Der *Monciak,* wie die Sopoter ihn nennen, führt vom Bahnhof

direkt zum Meer. Unterwegs kommt man am INSIDER TIPP „schiefen Haus" vorbei *(Krzywy Domek, Nr. 50),* einer an Antoni Gaudís Bauten erinnernden Attraktion mit eigenwilliger Fassade.

Sopots eigentliches Wahrzeichen ist die ● Mole, 1842 erbaut, mit fast 512 m bis heute längste hölzerne Seebrücke Europas und zu allen Jahreszeiten ein Laufsteg mitunter ziemlich leicht bekleideter Eitelkeiten. Am Fuß der Mole, vor dem neu errichteten *Kurzentrum,* spielt im Sommer oft Musik von Klassik bis Jazz. Vom Kopf der Mole hat man einen besonders schönen Blick auf das schneeweiße *Grandhotel,* das seit 1926 einem Schloss gleich am Strand aufragt. Nach perfekter Restaurierung im nostalgischen Art-déco-Stil steht das Luxushotel heute wieder einer gut betuchten Kundschaft offen: *Sofitel Grand Sopot | 127 Zi. | Powstańców Warszawy 12–14 | Tel. 5 85 20 60 00 | www.accorhotels.com | €€€*

Sopot: Höckerschwäne am Strand vor der 512 m langen Seebrücke, dem Highlight des Seebads

ZIELE IN DER UMGEBUNG

HALBINSEL HEL (MIERZEJA HELSKA) ●
(123 D–E 1–2) (🛍 C–F 1–4)

Auf der 34 km langen Halbinsel, die an manchen Stellen kaum 150 m breit ist, liegt ein Campingplatz neben dem anderen. Die malerischen kleinen Fischerstädtchen und Fischerhäfen verzaubern auf den ersten Blick, und die Sandstrände sind ein Paradies für Badelustige, Kitesurfer und Surfer.

Sie haben drei Möglichkeiten, auf die Halbinsel und in den Ort Hel zu kommen. Von Anfang Mai bis Mitte September fährt die „Wasserstraßenbahn". Die Schiffsreise ab Danzig dauert ca. 2 Std. *(Juni–Aug. tgl. 10–19 Uhr jede volle Std., letztes April- und an den Mai-Wochenenden 8.30, 13.10, 17.50 Uhr | Ticket 40 Zł. hin und zurück, Fahrrad 6 Zł. | Tel. 5 83 09 13 23 | www.komunikacja. trojmiasto.pl/tramwajwodny.php).* Eine Alternative ist die Anfahrt mit der Bahn. Sie fahren etwa 2,5 Std. und steigen einmal in Gdynia Główna um *(Abfahrt stdl. | PKP-Zug ab Gdańsk Główny | 23,50 Zł., Fahrrad 9,10 Zł. | www.pkp.pl).* Oder Sie nehmen das Auto und fahren an der Küste entlang. Die Fahrt dauert ca. 1,5 Std. Achtung: In der Saison kann es passieren, dass Sie Stunden im Stau stehen.

Die Tour beginnt in Hel mit einem Besuch im *Robbenzentrum (tgl. 9.30–21 Uhr | Eintritt 2 Zł. | Morska 2 | www.fokarium.pl).* Hier werden die selten gewordenen Kegelrobben gezüchtet und gepflegt. Speisen können Sie im *Maszoperia*, einem gemütlichen Fischerhaus *(tgl. 10–21 Uhr | Wiejska 110 | Tel. 5 86 75 02 97 | www.maszoperia.net | €€).* Dann sollten Sie über 197 Stufen die in 41 m Höhe liegende 🌼 Aussichtsplattform des *Leuchtturms* erklimmen *(Mai–Sept. tgl. 10–14 u. 15–18, Juli, Aug. bis 19 Uhr | Eintritt 6 Zł.).* Zahlreiche Kite- und Windsurfing-Ausleihstellen stehen für Sie bereit, und

Ostseeparadies: Die Halbinsel Hel bezaubert mit herrlichen Badestränden

dank des flachen Wassers und der beständigen Brise in der Pucka-Bucht kann man diese Wassersportarten hier gut lernen. Sie können sich hier auch einen INSIDER TIPP Kitesurftrainer mieten *(in der Saison tgl. 9–20 Uhr | Leihgebühr: Kite ab 60 Zł./Std., Surfbrett ab 45 Zł./Std., Trainerstd. ab 199 Zł. | Stelmaszczyka, an der Mole | Jastarnia oder Sztormowa 3 | Chałupy).*

MARIENBURG (MALBORK) (123 E4)

Errichtet wurde die Marienburg am Fluss Nogat von den Rittern des Deutschen Ordens ab dem Jahr 1280. Anfang des 14. Jhs. wurde die Anlage zum Hauptsitz des Ordens, der von hier aus den Ordensstaat regierte. Die Burg galt als uneinnehmbar, ihre Architektur und bauliche Einzelheiten wie die Abwassersysteme sind ein einzigartiges Meisterstück, das zum Weltkulturerbe erhoben wurde.

Etwa 1 Std. mit der Bahn dauert die Reise nach Malbork *(Abfahrt stdl. | PKP-Zug ab Gdańsk Główny | www.pkp.pl)*, genauso lange mit dem Auto. Über die Landstraße 1 kommen Sie in Rusocin auf die Autobahn A1 „AmberOne". Das Ticket für die Autobahngebühren an der Ausfahrtkasse kostet 4,90 Zł. (an Kleingeld denken). In Swarożyn fahren Sie ab und kommen über die Landstraße 22 nach *Malbork* (40 000 Ew.) und zur beeindruckenden Burg *(Mitte April–Mitte Sept. tgl. 9–19, Okt.–März Di–So 10–15 Uhr | Eintritt 39 Zł., ab 17.45–18.30 Uhr 29 Zł. | www.zamek.malbork.pl | Führung auf Deutsch Juli, Aug. 9–15.30 Uhr inkl. Eintritt 47 Zł., sonst 3 Zł., Audioguide 8 Zł.).*

Beginnen Sie Ihren Besuch beim Vorschloss. Dort erwarten Sie unter anderem der mittelalterliche Saal und das imposante Haupttor. Ins Mittelschloss führt eine Zugbrücke mit einem Torsystem. Bemerkenswert ist der Hochmeisterpalast, der in einem großräumigen

Europas größte mittelalterliche Burganlage: die Marienburg

Turm eingerichtet wurde. Besuchen Sie den Waffensaal und schlendern Sie bis ins Hochschloss. Die originelle Bäckerei und die Küche sind genauso sehenswert wie das Bade- und Brunnenhaus. Und Sie können von hier den 70 m hohen ☀ Hauptturm besteigen – der Rundblick ist fantastisch! Eine weitere Attraktion der Burg ist die *Marienkirche* mit der Goldenen Pforte.

Ihren Hunger stillen Sie im *Gothik Cafe & Restaurant* direkt am Schloss *(tgl. 9–17, in der Saison bis 20 Uhr | Starościńska 1 | Tel. 5 56 47 08 89 | www.gothic.com.pl | €€).* Wenn Sie bis zum Abend da sind, können Sie die ausgezeichnete Show „Licht und Ton" besuchen. Auch werden beeindruckende Veranstaltungen – von mittelalterlichen Ritterspielen bis zu Musikevents – in der malerischen Burgkulisse veranstaltet.

ESSEN & TRINKEN

Wenn Sie Lust auf traditionelle polnische Küche haben, dann werden Sie in Danzig sicherlich nicht enttäuscht.
Ob teures Edelrestaurant oder Low-Budget-Bar – Piroggen, die traditionellen gefüllten Teigtaschen, *barszcz,* Rote-Bete-Suppe, oder *żurek,* saure Suppe, stehen fast immer auf der Speisekarte. Auch die kaschubische Küche hat die Danziger Restaurants wesentlich geprägt: Vor allem Heringe bekommen Sie in allen möglichen Variationen serviert – in saurer Sahne, in Öl oder mit Knoblauch, Gurken und Zwiebeln. Und natürlich gehört zur Danziger Küche auch die Ostsee: Fischgerichte finden Sie fast überall.

Nach dem Beitritt Polens zur EU hat sich die polnische Küche deutlich europäisiert und internationalisiert: Sie ist vielseitiger geworden, und es öffnen immer mehr Restaurants, die Fusion-Küche anbieten. Sehr trendy sind derzeit Sushibars; immer noch recht dürftig ist hingegen das Angebot für Vegetarier.

Der Service gewann in den letzten Jahren deutlich an Qualität. Von der noch vor ein paar Jahren omnipräsenten sozialistischen Einstellung ging man zum Motto „Der Kunde ist König" über, und das spürt der Gast. Am Wochenende und in der Mittagszeit werden oft preiswerte Lunchmenüs serviert.

Fürs Dinner und fürs Ausgehen wird Sopot, die Nachbarstadt, immer beliebter. Sie kommen ganz einfach hin: Nehmen Sie den ZKM-Zug vom Danziger Hauptbahnhof – der bringt Sie in 20 Minuten zur Station Sopot Główny, von der aus

Bild: Restaurant Mon Balzac

Von Piroggen und Bigos bis zu Carpaccios: Danzig bietet eine Mischung aus altpolnischer Küche und europäischen Gerichten

Sie alle Restaurants in wenigen Minuten erreichen.

CAFÉS & KONDITOREIEN

INSIDER TIPP **CAFE FERBER** ● (116 C4)

Das Innere schillert in allen roten Farbnuancen. Eine gelungene Mischung aus bürgerlicher Tradition und Modernität. Machen Sie es sich bequem auf einem der roten Sofas und lassen Sie sich das Zimteis mit Birne auf der Zunge zergehen oder Eierkuchen nach polnischer Art mit

Obst und Schlagsahne. Oder vielleicht doch lieber eine Wiener Quarktorte? *Tgl. ab 9.30 Uhr bis zum letzten Kunden | Długa 77–78 | Tel. 5 83 01 55 66 | www. ferber.pl*

CAFE PIKAWA (116 C3)

Der hausgemachte warme Apfelkuchen mit einem tollen Vanilleeis und Schlagsahne ist im π kawa das Highlight (π = Pi, kawa = Kaffee). So rätselhaft der Name, so vorzüglich die Kaffees und die große Auswahl an Longdrinks. Klein, eng und sehr gemütlich, mit alten Schwarz-Weiß-Fotos an den Wänden. *Tgl. 10–23 Uhr | Piwna 5/6 | Tel. 5 83 09 14 44 | www.pikawa.pl*

Hauses gebraut wird – nach INSIDER TIPP altem bayerischem Reinheitsgebot, versteht sich! Ab Ende September werden bunte bayerische Oktoberfeste veran-

Gemütlicher Treffpunkt, freundliche Bedienung: das Cafe Pikawa in der Altstadt

CAFE WEDEL (119 E3) (*D6*)
Große Auswahl an Kaffees und handgemachten Pralinen. Lecker schmeckt der warme Quarkkuchen! Für Schokofans ist das Schokoladenfondue zu empfehlen. Auch Frühstück bekommen Sie hier im Zentrum von Sopot. *Tgl. 10–23 Uhr | Bohaterów Monte Cassino 36/4 | Sopot | Tel. 5 85 50 03 35*

RESTAURANTS €€€

BROWARNIA GDAŃSK RESTAURANT & PUB ● (117 E4)
Der alte Speicher liegt direkt am Yachtanleger. Typisch bayerische Küche und polnische Spezialitäten, dazu ordentliche Salatportionen, leckerer Fisch oder ein schmackhaftes Stück Fleisch – das alles kommt frisch und schnell auf den Tisch. Weißwurst, Heringe oder die hausgemachten Brezeln schmecken am besten zu dem Bier, das im Untergeschoss des

staltet. *Tgl. ab 13 Uhr | Szafarnia 9 | Tel. 5 83 20 19 70 | www.brovarnia.pl*

CYRANO & ROXANE (119 E4) (*D6*)
Terrine de foie gras aus dem Perigord oder das Confit von der Ente sind hier die Spezialitäten à la maison. Sehr gute Fleisch-und Fischgerichte und dazu Weine aus Südfrankreich werden Ihnen lange in Erinnerung bleiben. Das kleine Restaurant besitzt nur wenige Tische, also unbedingt rechtzeitig telefonisch reservieren! *Tgl. 13–22 Uhr | Bohaterów Monte Cassino 11 | Sopot | Tel. 6 60 75 95 94 | www.cyrano-roxane.com*

INSIDER TIPP **EURO KUCHNIA POLSKA** (116 C4)
Wie der Name sagt – es gibt traditionelle polnische Küche, doch ergänzt wird die Speisekarte mit italienischen und französischen Spezialitäten. Leckere Suppen wie zum Beispiel die Steinpilzcreme.

Ausgezeichnet schmeckt hier gebackene Ente, und auch alle Piroggensorten sind vorzüglich. Fisch gibt es in einer breiten Palette, dazu viele vegetarische Gerichte, köstliche Salate und raffinierte Desserts. Das alles im Rokokoambiente. Sie können auf Englisch und auf Deutsch bestellen. *Tgl. 12–24 Uhr | Długa 78/80 | Tel. 5 83 05 23 83 | www.restauracja-euro.com.pl*

FAMILIA MARCO POLO ⭐
(119 F4) *(ﾛ D6)*
Italienische und Mittelmeerküche in elegantem Ambiente: Hier wird der Heilbutt mit Knoblauchöl serviert. Lecker schmecken auch Heringe in saurer Sahne oder Garnelen auf Rucola. Außer Meeresfrüchten und vielen Fischgerichten gibt es auch Menüs mit Fleisch: Spezialitäten des Hauses sind Hühnchen in Gelee sowie kleine Teigtaschen mit Entenfleischfüllung. Bis zum Strand sind es nur ein paar Meter. *Tgl. ab 13 Uhr | Grunwaldzka 25 | Sopot | Tel. 6 60 70 91 75 und 6 02 17 65 02*

MONTE VINO (119 E3) *(ﾛ D6)*
Dieses Restaurant ist gleichzeitig ein Weingeschäft. Also gibt es eine große Auswahl an Weinen aus der ganzen Welt und dazu leckere, meistens italienische Gerichte, zum Beispiel gute Vorspeisen wie Carpaccio oder Bruschetta. Empfehlenswert sind auch die Salate und die saftigen Steaks. Die Menükarte wechselt mit den Jahreszeiten. Moderne, aber gemütliche Atmosphäre durch dunkle Holztische, dazu Blick auf die Bummelmeile Monte Cassino. *Mo–Do, So 12–23, Fr, Sa 12–1 Uhr | Bohaterów Monte Cassino 63/9 | Sopot | Tel. 5 83 41 84 02*

W PAŁACU OPATÓW ⭐ (120 C2)
Das elegante Restaurant im Erdgeschoss einer prächtigen Barockresidenz, mitten im Park des alten Stadtteils Oliwa, macht Eindruck. Sofas schaffen romantische Ecken. Im Hintergrund läuft klassische Musik, und auf die Teller kommen internationale Gerichte: Flunder in Zimtsauce oder Kürbispuffer etwa. Frischer Spargel im Frühling oder Baguette mit

---

⭐ **Familia Marco Polo**
Beste Meeresfrüchtemenüs und Fleischdelikatessen im Zentrum von Sopot auf dem Weg zum Strand → S. 61

⭐ **Avocado Sopot**
Die Geschmackskombinationen der japanischen Küche machen das Speisen hier zur einmaligen Entdeckungsreise → S. 62

⭐ **W Pałacu Opatów**
Gartenrestaurant vor schönster Schlosskulisse – drinnen und draußen speisen bei klassischer Musik → S. 61

⭐ **Bar Przystań**
Frischer Fisch direkt vom Kutter. Gaumenfreuden mit romantischem Seeblick → S. 65

⭐ **Kresowa**
Mitten in der malerischen Altstadt beeindruckt diese Danziger Stube vor allem mit polnischer Gastfreundlichkeit und wunderbaren Piroggen → S. 67

⭐ **Villa Uphagena**
Typisch polnische Küche mit kaschubischen Elementen, stilvoll serviert in einem imposanten Palais → S. 62

MARCO POLO HIGHLIGHTS

Räucherlachs werden auch im Gartenrestaurant vor der Schlosskulisse serviert. *Tgl. ab 10 Uhr | Cystersów 18 | Oliwa | Tel. 5 85 24 56 99 | www.restaurantpalace.pl | Straßenbahn 11: Oliwa*

BUDDHA LOUNGE (116 C4)
Indische und Thai-Küche: Bei nur kleinem Hunger reicht das typische Naan-

GOURMETTEMPEL

Avocado Sopot ⭐ (119 E–F3) (*D6*)
Das beste Sushi in der Dreistadt. Als Vorspeise genießt man z. B. die Piroggen mit Entenfüllung oder ein Fischtatar. Ausgezeichnet schmeckt das aus Lachs. Es lohnt sich, einen Sushi-Mix zu bestellen. Die Spezialität des Hauses ist der gegrillte Atlantikhummer. Das alles in sehr gemütlichem Ambiente im ersten Stock des Kurhauses unweit der Mole. *Hauptgericht ab 15 Euro | tgl. 13–23 Uhr | Plac Zdrojowy 1 | Sopot | Tel. 5 85 85 83 28 | www.avocado-sopot.pl*

Restauracja Gdańska (117 D3)
Prunkvolles Mobiliar – Mahagoni- und Palisandermöbel. Bunte Farben, viel Rot. An den Wänden Spiegel in Goldrahmen neben prächtigen Gemälden. Die Küche überwiegend polnisch: Steinpilzsuppe oder Zander in Dillsauce sautiert. Etwas deftiger sind die „Wałęsa-Rippchen" oder die „Wałęsa-Heringe" in Olivenöl, mit Knoblauch und Zwiebeln. Wunderbar zart das Gänsefleisch mit Rotkohl! *Hauptgericht ab 15 Euro | tgl. 12–23 Uhr | Św. Ducha 16/24 | Tel. 5 83 05 76 71 | www.gdanska.pl*

Restauracja Pod łososiem ● (117 D3)
Im 16. Jh. befand sich im „unter dem Lachs" eine Likörfabrik. Heute ist das Haus ein Nobelrestaurant mit internationaler Küche. In stilvollem Ambiente werden Sie mit Aalbouillon oder Ente

mit Apfelmus verwöhnt. Gut schmecken auch die Piroggen und – für Genießer – Blinis mit Kaviar. Gereicht wird vor und nach dem Essen Goldwasser. Der Likör wurde hier einst erfunden und hergestellt. *Hauptgericht ab 15 Euro | tgl. 12–22 Uhr | Szeroka 52–54 | Tel. 5 83 01 76 52 | www.podlososiem.com.pl*

Petit Paris ☘ (119 F3) (*D6*)
Feines Restaurant nahe der Sopoter Mole mit vorwiegend französischer Küche. Als Vorspeise: mit geräuchertem Lachs und Krebs gefüllte Eier oder Quiche Lorraine. Viele Salatsorten, gute Carpaccios und Suppen, Kalb und Perlhuhn. Auf der Karte finden sich aber auch Gerichte der polnischen und deutschen Küche: Wildschwein oder Schnitzel. *Hauptgericht ab 15 Euro | tgl. 13–22 Uhr | Grunwaldzka 12/16 | Sopot | Tel. 5 83 41 94 49 | www.petitparis.pl*

Villa Uphagena ⭐ ☘ (120 C5)
Stilvolles Ambiente in einem eleganten Palais. Die typisch polnische Küche mit regionalen kaschubischen Einflüssen überzeugt mit einer großen Auswahl an Fisch, Wild und Geflügel. Das „Jahreszeitenmenü" bietet immer eine Überraschung. Umfangreiche Weinkarte. *Hauptgericht ab 15 Euro | tgl. 12–22 Uhr | Uphagena 23 | Wrzeszcz | Tel. 5 83 45 83 72 | www.villauphagena.pl | Straßenbahn 10, 12: Miszewskiego*

Neben köstlichem Bratenduft durchweht auch ein Hauch hanseatischer Tradition das Pod Łososiem

Brot mit Knoblauch oder Zwiebeln, Käse oder Fleisch vollkommen aus. Bei größerem Hunger bestellen Sie Gerichte mit Geflügel oder Hammelfleisch. Dazu werden Reis oder Nudeln serviert. Es gibt für Vegetarier auch Reis mit Gemüse. *Tgl. 12–24 Uhr | Długa 18–21 | Tel. 5 83 22 00 44 | www.buddhalounge.pl*

CZERWONE DRZWI (116 C3)

Die rote Eingangstür *(Czerwone Drzwi)* dieses originellen Restaurants ist kaum zu übersehen. Drinnen sitzt man bei gedämpftem Licht in Sesseln und auf Sofas wie im Wohnzimmer einer Danziger Patrizierfamilie. Die Küche liefert allerbeste, nach altem Rezept **INSIDER TIPP** in Petersilie gebackene Forelle. Die Pastetenplatte, das Kalbskotelett in Gorgonzolasauce mit Mehlklößchen oder die Kürbiscremesuppe verzaubern selbst verwöhnte Gaumen. Das 100 Jahre alte Klavier wird abends von hervorragenden Musikern bespielt. Hier treffen Sie viele lokale Persönlichkeiten und Künstler. *Tgl. ab 10 Uhr | Piwna 52/53 | Tel. 5 83 01 57 64 | www.reddoor.gd.pl*

INSIDER TIPP GOLDWASSER (117 D4)

Setzen Sie sich im Terrassenrestaurant ans Fenster, an den stilvollen runden Holztisch oder einfach in den Biergarten und genießen Sie den Blick auf die Mottlau und die vorbeifahrenden Schiffe. Hier wird Küche aus aller Welt serviert. Ob Bigos, Piroggen oder kaschubische Gerichte – alles ist hausgemacht; und auch die Pizzas und die Steaks sind gut! Im Obergeschoss des Hauses befindet sich ein romantisches Hotel *(7 Zi. | €€)*. *Tgl. 10–22 Uhr, im Sommer bis 23 Uhr | Długie Pobrzeże 22 | Tel. 5 83 01 88 78 | www.goldwasser.pl*

LATAJĄCY HOLENDER (117 D4)

An schlichten Holztischen im „Fliegenden Holländer" genießen Sie in maritimem

Ambiente deftige Gerichte der internationalen Küche in großen Portionen. Saftige Steaks, in der Saison frische Miesmuscheln, herzhafte Käseaufläufe, Schaschliks und warmer Apfelkuchen mit Rum und Vanilleeis. Herr Leszek, der Chef, überrascht manchmal mit einem Li-

NAPOLI (116 C4)

Rund 30 Pizzasorten, eine beeindruckende Auswahl an Spaghetti, Pasta und Frutti di Mare. Sie können in einem von drei Stockwerken des Restaurants in einem typischen Danziger Backsteinhaus aus dem 14. Jh. Platz nehmen. Gute Haus-

Deftige Gerichte kommen im rustikalen Ambiente des „Fliegenden Holländers" auf die Tische

körchen aufs Haus. *Tgl. 10–23 Uhr | Długi Targ 33/34 | Tel. 5 83 20 36 25 | www. latajacyholender.pl*

INSIDER TIPP MON BALZAC (117 D4)

Ziegelsteinwände und warme Töne (dunkelbraunes Holz) machen aus dem modern designten historischen Raum einen besonders gemütlichen Ort. Große Auswahl an Suppen: von der Zwiebelsuppe bis zur aromatischen Tomatencreme. Käsefondue als Hauptgericht oder Schokoladenfondue als Nachtisch schmecken hervorragend. Internationale Küche. Sushi-Aktionen am Wochenende. *Tgl. ab 10 Uhr | Piwna 36/39 | Tel. 5 86 82 25 25 | www.monbalzac.pl*

weine. *Tgl. ab 10 Uhr | Długa 62/63 | Tel. 5 83 01 41 46 | www.napoli.pl*

SANATORIUM CAFE & INSPIRACJE (119 F3) (*⊞ D6*)

Was nach einer verstaubten Kureinrichtung klingt, ist in Wirklichkeit topmodern. Das Sanatorium in Sopot besteht aus Café und Restaurant und liegt direkt am langen Seesteg. Das Café in Weiß- und Beigetönen, die bequemen Sofas und hellen Holztische locken junge Leute zum Brunch. Gute Salate und Suppen, aber auch Nudeln oder Pfannkuchen mit Spinat. Im Restaurant „Inspirationen" (€€€) ist es mit den rot gestrichenen Wänden kuscheliger. Sie verspeisen hier

z. B. mit Garnelen gefüllte Teigtaschen oder eine frische Seezunge direkt aus der Pfanne. Ein Weinexperte hilft Ihnen bei der Auswahl des passenden Tropfens. *Tgl. 8–24 Uhr, Sanatorium Inspiracje nur bei Veranstaltungen (meist am Wochenende) | Grunwaldzka 8–10 | Sopot | Tel. 5 85 50 00 01 | www.sanatoriumsopot.pl*

SUSHI 77 (117 D3)

Ein Augen- und Gaumenschmaus. Außer Sushivariationen bietet das Restaurant auch warme japanische Gerichte. Besonders lecker schmecken die bunt gemischten Teigtaschen. Die Gerichte sind dekoriert mit essbaren Blumen oder buntem Gemüse. Direkt an der Mottlau. *Tgl. 12–23 Uhr | Długie Pobrzeże 30 | Tel. 5 86 82 18 23 | www.sushi77.com*

ZEPPELIN (116 C3)

Beliebter Nachmittagstreff für Stadtbummler, genau richtig für einen belebenden Espresso oder ein Złote Lwy, ein nach altem Danziger Rezept gebrautes Bier. Jazzmusik im Hintergrund. Das in dezenten Pastelltönen gestaltete Innere ist eine Kopie des in den 20er-Jahren angesagten Zeppelinrestaurants. Und Zeppeline kann man hier auch kosten: herzhafte, mit Fleisch gefüllte Kartoffelklöße in der typischen Zigarrenform. Dann als Nachtisch den einzigartigen Honig-Zimt-Käsekuchen, und Ihr Nachmittag ist perfekt! *Tgl. 7–23 Uhr | Św. Ducha 2 | Tel. 5 83 22 24 43 | www.zeppelin.gdansk.pl*

RESTAURANTS €

BAR POD RYBĄ (117 D4)

INSIDER TIPP Ein Paradies für Kartoffelliebhaber! Solche Kreationen haben Sie noch nie gekostet: kross gebacken, nach Belieben gefüllt, z. B. mit Kaviar oder Gorgonzolacreme. Klar, dass es hier auch die besten Kartoffelpuffer der Stadt gibt. Die

Wandgemälde des bekannten Danziger Künstlers Jan Orchowski bieten echten Augenschmaus, und seine (gerahmten) Bilder können Sie auch für Ihr Zuhause erstehen. *Tgl. 10–22 Uhr | Piwna 61/63 | Tel. 5 83 05 13 07 | www.barpodryba.pl*

BAR PRZYSTAŃ ★ (119 F4) (ᗰ D6)

Eine Fischbar direkt am Strand. Im Sommer ein beliebter Treffpunkt am Mittag. Sie sitzen an langen Holztischen mit Seeblick, drinnen oder draußen. Lecker schmecken die panierten Krabben – nehmen Sie dazu Knoblauchbrot mit

SPEZIALITÄTEN

▶ **Babka** – Hefekuchen mit Rosinen und kandierten Früchten, serviert mit Zuckerguss oder Schokoladenglasur
▶ **Barszcz** – Rote-Bete-Suppe
▶ **Biała kiełbasa** – gekochte Weißwurst
▶ **Bigos** – lange gekochter Weißkohl mit Steinpilzen, Fleisch, Wurst und eventuell etwas Rotwein (Foto re.)
▶ **Chłodnik** – kalte Rote-Bete-Suppe mit Sauermilch
▶ **Goldwasser** – süßer Kräuterlikör mit Anisgeschmack und Goldflocken
▶ **Golonka** – gekochtes Eisbein
▶ **Gołąbki** – in Wirsingkohlrouladen servierte Fleisch-Reis-Füllung
▶ **Kapuśniak** – saure Suppe mit gekochtem Wirsingkohl und Fleisch
▶ **Karp w galarecie** – gekochter Karpfen, kalt serviert in Gelee
▶ **Kaszanka** – Blutwurst, gekocht und gebraten, mit Zwiebeln

▶ **Kotlety mielone** – gebratene, panierte Hackfleischschnitzel
▶ **Kotlety schabowe** – dünnes, paniertes Schweineschnitzel
▶ **Makowiec** – Mohnkuchen
▶ **Naleśniki** – Pfannkuchen mit Quark-, Marmelade- oder Fleischfüllung
▶ **Pierogi** –Teigtaschen, meistens mit Fleisch- oder Kohlfüllung (Foto li.)
▶ **Pierogi ruskie** – russische Piroggen, Teigtaschen mit Quark und Zwiebeln, gekocht und dann mit Zwiebeln und Speckstücken gebraten
▶ **Rosół** – Brühe aus Huhn, Pute oder Rind mit Gemüse, serviert mit Nudeln
▶ **Sernik** – Quarkkuchen, manchmal mit Rosinen oder kandierten Früchten
▶ **Śledzie** – marinierte Heringe, serviert in Essig oder Öl, mit Zwiebeln
▶ **Żurek** – saure Roggenmehlsuppe mit Wurst

Käse überbacken oder Bratkartoffeln mit Kräutern. Selbstbedienung. *Tgl. 11–23 Uhr | al. Wojska Polskiego 11 | Sopot | Tel. 58 55 05 06 61 | www.barprzystan.pl*

ESTRAGON (117 D4)
In modernem Ambiente treffen sich vor allem Studenten, denn gleich gegenüber befindet sich das Wohnheim der Danziger Kunstakademie. Sie kommen in den Genuss köstlicher Fischkreationen wie gegrilltem Lachssteak in Estragonbutter oder Heilbutt auf Tagliatelle mit Dillsauce. Eine Besonderheit sind die ausgefallenen Speisen für Kinder, wie Früchtesuppe oder Hähnchenpopcorn. Sehr freundli-

che Preise! *Tgl. 12–22 Uhr | Chlebnicka 26 | Tel. 5 83 09 17 00 | www.estragon.pl*

INSIDER TIPP ▶ GREEN WAY ☺ (116 C4)
Ein Paradies für Vegetarier und Veganer! Ob es im Winter die warme Tomatensuppe oder im Sommer die kalte Suppe *chłodnik* ist, hier schmeckt alles köstlich. Große Auswahl an Salaten. Satt werden Sie von einem der Aufläufe, Sojakoteletts oder von einer überbackenen Gemüsetorte. Lecker schmecken auch Teigtaschen mit Käsefüllung. Probieren Sie die Zitronenlimonade dazu. Besonders preiswert! *Mo–Sa 10–20, So 10–19 Uhr | Długa 11 | Tel. 5 83 01 82 28 | www.greenway.pl*

KRESKA (116 C3)
Das Kreska überrascht mit wunderbaren Geschmackserlebnissen, wie der pikanten Fischsuppe mit Krebsschwänzen oder den in Weißwein gedünsteten Muscheln. Die Gerichte sind köstlich und preiswert (ab 10 Zł.) und obendrein sehr schön dekoriert. Auf den modernen Couches nehmen die jungen Schauspieler des anliegenden Theaters Wybrzeże gerne eine kleine Auszeit. *Tgl. 10–23 Uhr | Św. Ducha 2 | Tel. 5 83 00 05 94 | www.restaurantkreska.pl*

KRESOWA ⭐ (116 C4)
Gemütlicher Salon im Stil der 30er-Jahre. An den Wochenenden ziemlich voll. Der Name („Kresy" bedeutet Grenzland und bezeichnet Teile Ostpolens) verrät, dass viele Speisen der litauischen, ukrainischen, jüdischen und kaukasischen Küche entstammen. Nur hier erfahren Sie, wie köstliche *bajaderki* (Zartbitterschokokugeln mit Likörkirsche) zu armenischem Tee mit Konfitüre schmecken. Größeren Hunger stillen die kräftigen Suppen und die Piroggen. In diesem Lokal bekommen Sie eine Idee von der berühmten polnischen Gastfreundlichkeit. *Tgl. 10–22 Uhr | Ogarna 12 | Tel. 5 83 01 66 53L*

TAPAS RUCOLA (119 E3) (*D6*)
Bei spanischen Rhythmen genießen Sie hier spanischen Schinken, Tapas in riesiger Auswahl und als Dessert z. B. Flan. Das Lokal bietet auch einen guten Hauswein und polnisches Bier. Die aufgeschlossene Bedienung sorgt für eine lockere Atmosphäre. An Wochenenden spielt ein DJ spanische Musik, und es wird zwischen den Tischen getanzt. *Tgl. ab 11 Uhr | Bema, Ecke Pułaskiego | Sopot | Tel. 5 87 10 55 01 | www.tapassopot.pl*

Die Beleuchtung macht´s: Das Estragon ist ebenso modern-puristisch wie einladend-gemütlich

EINKAUFEN

CITY WOHIN ZUERST?
Schmuck, Bernstein und Andenken kaufen Sie in den kleinen Läden in der Danziger Rechtstadt. Die schönsten, aber auch die teuersten Bernsteinstücke bekommen Sie in der **Marien-** oder **Frauengasse (ulica Mariacka / 117 D4)**, die deshalb auch Bernsteingasse genannt wird. Günstiger kaufen sie in den Seitenstraßen der Rechtstadt ein. Weitere Einkaufsstraßen sind die berühmte **Langgasse (ulica Długa / 116–117 C–D4)**, die **Lange Brücke (Długie Pobrzeże)** an der Mottlau und der **Lange Markt (Długi Targ)**.

Zum Shoppen treffen sich die Danziger sogar sonntags nach der Kirche. Da es ein Ladenschlussgesetz in Polen bisher nicht gibt, sind die großen Malls sogar am Sonntag gut besucht, besonders bei schlechtem Wetter.
Eins der größten und neusten Danziger Einkaufszentren ist die *Galeria Bałtycka*. Hier werden sowohl polnische Markenkleidung als auch die Kollektionen internationaler Designer angeboten. Besonders bei jedem Wechsel der Jahreszeit gibt es Rabattaktionen. Weitere Malls – zum Beispiel Madison und Manhattan – liegen ebenfalls am Stadtrand. Diese Einkaufszentren sind die ganze Woche von 9 bis 21 Uhr geöffnet. Gefragt bei den Danzigern sind auch die Outlet Stores namhafter Hersteller.

Bild: Bernsteinkette

Bernsteingasse und Einkaufsgalerien: In Danzig findet man neben Shoppingmalls noch viele kleine Einzelhändler

Lebensmittel wie Obst, Gemüse, Pilze, Fleisch und Fisch können Sie in der historischen Danziger *Markthalle (Hala Targowa)* erwerben: Drinnen und an Ständen vor der Halle werden montags bis freitags vom frühen Morgen bis um 18 Uhr (samstags bis mindestens 15 Uhr) frische Waren und Blumen angeboten.

Die meisten Geschäfte in Sopot haben sich in der Straße *Monte Cassino* und im Kurhaus auf dem Platz *Przyjaciół Sopotu* angesiedelt: Souvenirs, Antiquitäten, teure Boutiquen und kleine Lebensmittelgeschäfte. Die populärste Einkaufsstraße in Gdynia ist die *ul. Świętojańska.* Hier gibt es die angesagtesten Klamotten.

BERNSTEIN & SCHMUCK

AMBER ART (116 C4)
Aus Bernstein und Silber hergestellte Ohrringe und Ohrstecker in verschiedenen Mustern sowie Ketten, Anhänger, Broschen und Armbänder. Rohbernsteine in verschiedenen Farben und Formen. *Długa 12/13 (Filiale:Długie Pobrzeże 5)*

Hier hat alles Bein und Fuß, nicht nur Strümpfe & Co, auch die Bademoden: Calzedonia

BALTIC STONE ★ ● (117 D4)
Einzigartiges Bernsteindesign! Klassisch, modern oder exklusiv mit (unpoliertem) Naturbernstein. Ketten und Ringe in den verschiedensten Ausführungen. Originelle Silberketten! Gute Beratung. *Mariacka 29 (Filiale: Długie Pobrzeże 29)*

DELIKATESSEN

CIUCIU/CUKIER ARTIST ★ (116 C4)
Handgefertigte Bonbonspezialitäten in einer breiten Geschmackspalette. Das Sortiment umfasst sowohl Klassiker als auch exklusive und außergewöhnliche Varianten. Jeder bunte, handgedrehte Lutscher ist ein Unikat. Auf Bestellung gibt es Bonbons mit individuellen Motiven nach Wunsch; sie werden im Laden hinter einer Glasscheibe hergestellt. Ein Schlaraffenland. *Długa 64–65*

NEKTAR (116 C4)
Ein breites Sortiment bietet dieses Honigparadies: Honig als Aufstrich und als Getränk, dazu Honigmilch und Honigbier. Die Honigkerzen und die kleinen Andenken sind gut zum Verschenken geeignet. *Piwna 13-1, Eingang Lektykarska*

INSIDER TIPP ▸ **WINIARNIA PIETRASZEK** (117 D3)
Rund 400 Weinsorten aus allen Regionen dieser Welt bekommen Sie in diesem gemütlichen Laden im Herzen der Danziger Altstadt. Auch Prosecco. Professionelle Beratung. Gut gekühlte Weine gibt es auch im Bistro, dazu Oliven und französischer Käse auf Wunsch. *Świętego Ducha 57*

EINRICHTUNG & CO.

ALMI DECOR (120 C2)
In der neuen Galeria Bałtycka sind im Erdgeschoss Einrichtungsläden untergebracht. Almi Decor ist einer davon. Dezente skandinavische Inneneinrichtung, aber auch Besteck und Glas oder Bettwäsche. Jeder Raum ist einzigartig,

bis ins kleinste Detail perfekt entworfen. Teuer im Verhältnis zu anderen Geschäften. *Grunwaldzka 141 | Galeria Bałtycka | Straßenbahn 10, 12: Słowackiego*

HOME & YOU (120 C2)
Große Auswahl an Bettdecken, Plaids, Vorhängen und Gardinen. Dekorative Kissenbezüge in einer breiten Farbpalette. Hier finden Sie auch schöne Korbmöbel, Spiegel, Gemälde und schmückende Rahmen. Gute Rabattaktionen. *Grunwaldzka 141 | Galeria Bałtycka | Straßenbahn 10, 12: Słowackiego*

SCENERIA (117 D4)
Exklusive Möbel, echte und imitierte Antiquitäten, Kristallkronleuchter der bekannten tschechischen Marke Preciosa. Sehr originelle Accessoires. Lassen Sie sich hier exklusiv eine `INSIDER TIPP` Wandmalerei für Ihr Zuhause entwerfen. *Długa 22–27*

KUNST

GALERIA JACKIEWICZ (117 D3)
Die besten Kunstwerke von Danziger Malern, Grafikern und Bildhauern. Interessant, auch als ganz besonderes Souvenir: die Maltechniken mit ins Bild integrierten alten Schwarz-Weiß-Fotos von Danzig. Das Angebot der Galerie wird durch einmalig schönen Silberschmuck ergänzt. Die `INSIDER TIPP` Beratung durch den Galeriebesitzer, Professor Władysław Jackiewicz von der Danziger Kunstakademie, könnte besser nicht sein. *Mariacka 50–52*

GALERIA TRIADA (117 D4)
Moderne Kunst von jungen Malern der Danziger Kunstszene sowie anerkannte polnische Malerei werden hier ausgestellt und verkauft. Mit ihren zwei Filialen in Danzig und in Sopot ist Triada die größte und bekannteste Galerie der Drei-

stadt. *Piwna 11–12 | Danzig; Bohaterów Monte Cassino 50* (119 E3) *| Sopot*

PIONOVA GDAŃSK (117 D3)
Fans zeitgenössischer Kunst werden hier glücklich! Die Auswahl ist reichhaltig: Malerei, Grafik, Bildhauerei, Fotografie und audiovisuelle Installationen. Die Galerie befindet sich in einem riesigen Bunkergebäude aus dem Zweiten Weltkrieg. *Olejarna 2*

MODE & SPORT

CALZEDONIA (116 C2)
Eine riesige Bandbreite an Strumpfhosen, Strümpfen und Socken. Wollen Sie den Ostseestrand besuchen? Hier finden Sie Danzigs größte Auswahl an Badeanzügen, Pareos und Badehandtüchern. Auch Kindersachen. *Rajska 10 | Galeria handlowa Madison*

CUBUS (120 C2)
Hier gehen Frau und Mann komplett neu eingekleidet wieder hinaus. Die

MARCO POLO HIGHLIGHTS

⭐ **Baltic Stone**
Ein Bernsteinparadies. Die beste Auswahl in der Stadt! → S. 70

⭐ **Ciuciu/Cukier Artist**
Eine einzigartige Bonbonmanufaktur. Bunt und lecker → S. 70

⭐ **HD – Heavy Duty**
Schicke Schuhe für junge Leute. Originelle polnische Marken → S. 73

⭐ **Forget-Me-Not-Gift**
Niedliche Teddybären sind die perfekte Geschenkidee. Tolle Taschen → S. 73

Auswahl reicht von Unterwäsche über Pullis, Hosen und Anzüge bis zu eleganten Tüchern. Gute Preise. *Grunwaldzka 141 | Galeria Bałtycka | Straßenbahn 10, 12: Słowackiego*

GO SPORT (123 D2) (*m̂ C6*)

Sportkleidung der bekanntesten internationalen Designer. Dazu Sportschuhe, ob für Fußballer oder Wanderer. Ob Sie Schwimmfreak oder Skifan sind – hier werden Sie komplett ausgestattet. *Spa-*

INSIDER TIPP ▸ SKLEP WĘDKARSKI (ANGLERLADEN) (116 C2)

Ein Paradies für Angelfreaks: Angelkleidung und -stiefel, Angeln für alle Bedingungen, spezielle Ausstattung fürs Eisangeln, Köder. *Rajska 2*

MUSIK & ZEITSCHRIFTEN

EMPIK (116 C2)

Zeitungen, Zeitschriften und Magazine aus aller Welt. Bücher vom internatio-

Forget-Me-Not-Gift: Hier finden Sie für jede(n) etwas und vergessen sicherlich keine(n)

cerowa 48 | Osowa Centrum handlowe | ZKM-Bus 169, 171, 179: CH Osowa

INTIMISSIMI (116 C2)

Der italienische Unterwäschedesigner bietet wunderschöne bunte Dessous sowie Mode für die Nacht für sie und ihn an. Ständig neue Kollektionen. Im Schlussverkauf gibt es auf die heißen Modelle bis zu 50 Prozent Ermäßigung! *Rajska 10 | Galeria handlowa Madison | Filiale in der Galeria Bałtycka*

nalen Bestseller bis zum Bildband. CDs, DVDs und Computerspiele. Kleine Andenken und Süßigkeiten zum Verschenken. Schöne Postkarten! *Podwale Grodzkie 8*

SALONIK POCZTÓWEK NA DŁUGIEJ (117 D4)

Ein typischer Kiosk mit tagesaktueller Presse und Postkarten mit traditionellen Motiven. Daneben bekommen Sie hier auch Telefonkarten, Zigaretten, kleine Andenken und Fotoartikel. *Długa 43*

SCHUHE & TASCHEN

APIA (120 C2)
Edles Schuhdesign von Alberto Fermani, Fabi und Nando Muzi ist hier vertreten. Sehr guter Service. *Grunwaldzka 141 | Galeria Bałtycka | Straßenbahn 10, 12: Słowackiego*

HD – HEAVY DUTY ⭐ (120 C2)
Superschicke Schuhe des polnischen Schuhdesigners vor allem für die jüngere Generation. Schöne Ballerinas, Flip-Flops und ein gutes Angebot an Schuhen zum Spazierengehen und Wandern. Auch für Herren gibt es ein breites Angebot. Die Marken: Cat, Converse, Tommy Hilfiger, Crocs, Lacoste. Schauen Sie sich mal die weniger bekannte Marke „Marisha" an! *Grunwaldzka 141 | Galeria Bałtycka | Straßenbahn 10, 12: Słowackiego*

VALENTINI (116 C2)
Taschen, Koffer, Börsen in allen Farben und Größen von den bekanntesten italienischen Marken. Hier gibt es auch Lederhandschuhe und -gürtel und schöne Regenschirme. Zum Jahreswechsel regelmäßig Sonderaktionen. *Rajska 10 | Galeria handlowa Madison*

SOUVENIRS & GESCHENKE

INSIDER TIPP CEPELIA (117 D4)
Polnische Handwerkskunst aus allen Regionen. Originelle Keramik, Gobelins, Glas, Schmuck und Korbwaren sind nur einige Beispiele aus dem breiten Sortiment. *Długa 47*

FORGET-ME-NOT-GIFT ⭐ (117 D4)
Die niedlichen Teddybären zum Kuscheln gibt es in jeder Größe. Hier verkaufen auch junge Designerinnen ihre originellen Taschen: Joanna Danilo, Natasha Farina und Mary Frances. Linda Lacroix stellt tolle Ketten aus. Das breite Sortiment an geschmackvollen Geschenken wird von schönen Bilderrahmen und Duftkerzen ergänzt. *Długi Targ 8/10*

GDAŃSKI BÓWKA (117 D4)
Der passende Laden für Fans des Maritimen: Kitschige, aber auch geschmackvolle Souvenirs von Buddelschiff bis Messing-Bullauge, von Schnupftabaksdose bis Meeresschneckenhaus sind hier zu haben. Ölgemälde und Kupferstiche, Literatur und Bildbände zum Thema ergänzen das Angebot. *Długie Pobrzeże 11*

ORGANIQUE 😊 (116 C2)
Kosmetik auf Basis natürlicher Produkte. Hier bekommen Sie Seifen, Körpermilch, Öle, Peelings und Scrubs in einer reichen Duftpalette und in diversen Farben, alles handgemacht. Die nette Bedingung hilft Ihnen bei der Auswahl. *Rajska 10 | Galeria handlowa Madison*

LOW BUDG€T

▶ *CCC:* Preiswerter als hier kaufen Sie Ihre neuen Schuhe nirgendwo in der Stadt. Die polnische Marke bietet viele Modelle und Farben. *Szuberta 102 A | Einkaufszentrum Carrefour* **(U D5)** *| ZKM-Bus 142: Carrefour*

▶ *Fashion House Outlet Center:* Kleidung von bekannten Designern um bis zu 70 Prozent reduziert, u. a. Nike, Puma, Adidas, Rossignol, Roxy. Italienische Schuhe und polnische Marken aus älteren Kollektionen gibt es hier zu sehr attraktiven Preisen. *Przywidzka 8* **(123 D3)** *| www.fashionhouse.pl | ZKM-Bus 174, 574: Fashion House*

AM ABEND

CITY **WOHIN ZUERST?**
Die **Langgasse (ulica Długa / 116–117 C–D4)** ist das Zentrum des Danziger Nachtlebens. Aber auch in den parallel laufenden ul. Piwna und ul. Chlebnica kommen Partyfreunde auf ihre Kosten. Für das jüngere Publikum eignen sich die Klubs in der nahen **ulica Świętego Ducha** und in der **ulica Teatralna (116 C3)** am Kohlenmarkt zum Start in die Nacht. In Sopot befinden sich die meisten Pubs und Clubs an der Promenade **Bohaterów Monte Cassino** oder in **Łazienki Północne**. Fangen Sie hier Ihren Abend am besten in der Cocktailbar Max an.

Das Nachtleben in Danzig erlebt eine Renaissance. Immer neue Pubs und Clubs machen in der Altstadt auf. Die meisten sind bis spätnachts geöffnet. Wenn es warm wird, öffen die meisten Kneipen ihre Biergärten. Der Eintritt in Diskos und Clubs beträgt 5–20 Zł.
Der Badeort Sopot mit der berühmten Promenade Bohaterów Monte Cassino ist ein richtiges Partyparadies. Liegestühle, Palmen und Drinks aus Kokosnüssen sorgen für Karibikgefühl am Ostseestrand, zum Beispiel in in Łazienki Północne direkt am Strand. Bei den wirklich heißen Partys ist das Nacktschwimmen in der Ostsee fast schon ein Ritual. Doch auch Kulturliebhaber werden mit dem Danziger Angebot zufrieden sein. Die Filharmonia Bałtycka und die Opera

Bild: Cafe Ferber in Sopot

Die Nacht zum Tag machen in Bistros, Cafés, Clubs und Diskos: In Danzig und in Sopot können sich Partylöwen austoben

Bałtycka bieten ein reiches Repertoire. Dazu gibt es das ganze Jahr über Musikkonzerte, Festivals und Filme. Kulturelle Langeweile kennen die Danziger nicht. Ausgehtipps gibt es z. B. unter *www. e-gdansk.com.*

BEACHCLUBS

BULAJ SOPOT (119 E2) *(⌘ D5)*
In diesem Beachclub kann man auch speisen: Es gibt unter anderem italienische, französische und deftige polnische

Küche. Eine gute Auswahl an Alkoholika und eine breite Weinpalette machen die Party rund. *Mo–Fr 11, Sa, So ab 10 Uhr, Küche bis 22/23 Uhr | Mamuszki 22 | Sopot | www.bulaj.pl*

INSIDER TIPP **TROPIKALNA WYSPA** (119 F4) *(⌘ D6)*
Bereits Anfang April fängt in der „Tropischen Insel" der heiße Sommer an und damit auch die wilden Partys. Das Ambiente ist karibisch, so auch die erfrischenden Longdrinks mit bunten Schirmen und

lustigen Trinkhalmen. *Tgl. 9–24 Uhr | Verlängerung der ul. Traugutta, am Strand | Eingang 28 auf Höhe des Muzeum Miasta Sopotu | Sopot*

DISKOS & CLUBS

INSIDER TIPP ▶ **ABSINTHE** (116 C3)
Ein Treffpunkt der Boheme. Gerne treffen sich hier Schauspieler des Theaters

Grün wie Absinth im Glas funkelt der Tresen im Absinthe

Wybrzeże, das sich oben im selben Gebäude befindet. An Wochenenden wird es sehr eng, und bei guter Musik wird gerne auf der Theke getanzt. Im Sommer ist der Biergarten eine Alternative für Nichtraucher. *Mo–Do 10–4, Fr–So ab 10 Uhr | Św. Ducha 2 (Teatr Wybrzeże) | www.cafeabsinthe.pl*

AKADEMICKI KLUB POLITECHNIKI GDAŃSKIEJ KWADRATOWA (120 C6)
In diesem Club mit Kultstatus treffen sich vor allem Studenten. Auf der großen Tanzbühne finden regelmäßig Partys und

Konzerte statt: Song 'n' Dance donnerstags, Quadrobeat freitags, Black Music Session samstags, Rockkonzerte dienstags. *Tgl. ab 21 Uhr | Siedlicka 4 | www.kwadratowa.pl | ZKM-Bus 115: Traugutta-Sobieskiego*

INSIDER TIPP ▶ **APARTAMENT** (116 C4)
Genauso wie in einem echten Apartment gibt es hier auf zwei Ebenen und über 300 m² Fläche unter anderem: ein Wohnzimmer, ein Schlafzimmer, eine Garderobe und ein Büro. Jedes Zimmer ist seiner Funktion entsprechend ausgestattet: Nur hier liegen Sie in einem Club auf einem echten Doppelbett im Schlafzimmer! Livekonzerte der Studenten der Danziger Musikakademie. Jamsessions mittwochs, Studententreffen donnerstags, Drum 'n' Bass freitags, House, Deep House und Electro samstags. Zutritt erst ab 21 Jahren – kein Wunder bei der Einrichtung. *Tgl. 18–7 Uhr | Podgarbary 10 | www.apartamentklub.pl*

CICO COME IN & CHILL OUT ● (117 D4)
Perfektes Ambiente für ein erstes Date oder für einen Starter bei Chill-out-Musik. Im Erdgeschoss wird bei Funk, Deep- und Vocal House so richtig abgetanzt. Gut klimatisiert; viele Touristen. *Tgl. 8–24 Uhr, an Wochenenden 8 Uhr bis open end | Piwna 28–30 | www.cico.pl*

INSIDER TIPP ▶ **COCTAIL BAR MAX** (119 F3) (𝄞 D6)
Ob mit einem dicken Mojito, einer riesigen Margarita oder einem angesagten Cosmopolitan – hier genießt man bei Karibikrhythmen im Biergarten den Sommer. Wenn es kälter wird, geht es im bunten Innenraum – grün und gelb und helles Holz – genauso weiter. „So viele Cocktails, so viele Ideen" ist das Motto der Bar, die sowohl alkoholische als auch bunte und leckere alkoholfreie Getränke

serviert. Eine ideale Adresse für den Start in den Abend. *Mo–Do, So 9–3, Fr, Sa 9–5 Uhr | Grunwaldzka 1–3 | Sopot*

KLUB DOBRY DŹWIĘK (116 C3)

Der Name des Klubs „Guter Ton" bezieht sich auf seine Besitzer: zwei angesagte DJs mit langer Erfahrung. In dem dreistöckigen Clubhaus gleich beim Kohlenmarkt wird vor allem Clubmusic gemixt: Electro, Trash, Dubstep, Berlin, Techno, Clash, Break's. *Do–Sa 21–4 Uhr | Teatralna 1 | www.klubdobrydzwiek.pl*

MIASTO ANIOŁÓW (ENGELSTADT) (117 D4)

Bis zu 800 Personen können auf der riesigen Tanzfläche Party machen. Der Club befindet sich in einer charmanten Ecke, direkt an der Mottlau. Ein beliebter Partytreffpunkt für Jugendliche. Sehr laute Musik: Disco, Funk. Donnerstags 80er-Jahre-Musik, freitags Remix Nights, samstags Peace and Love Music. *Tgl. ab 19 Uhr | Chmielna 26 | www.miastoaniolow.com.pl*

NOWA REPUBLIKA ★ (120 B5)

Lust auf eine gute Tanzparty? Die neuesten Raciohits und schwarze Musik gibt es hier bis in die frühen Morgenstunden von Donnerstag bis Samstag. Laute Beats werden von bekannten DJs gemixt. Im Erdgeschoss gibt es eine große Tanzfläche. Dienstag: Horny Night, Mittwoch: Energy Night, Samstag: Dirty Night. *Di–Sa ab 19 Uhr | Jaśkowa Dolina 14 | www.nowarepublika.pl | Straßenbahn 10, 12: Jaśkowa Dolina*

PARLAMENT (117 D3)

Mit Musik der 60er-, 70er- und 80er-Jahre fängt das Wochenende schon am Donnerstag an. Fans von Michael Jacksor, Tina Turner, George Michael oder Madonna sind hier Stammkunden.

Black Music Party freitags, Disco Fever samstags. Hier mixen die bekanntesten polnischen DJs. *Mi–Sa ab 20 Uhr | Św. Ducha 2 | www.parlament.com.pl*

UNIQUE CLUB & LOUNGE (119 F2–3) (🛱 D6)

In diesem eleganten Klub im Untergeschoss, direkt gegenüber der Cocktailbar Max, kann man bei den neuesten Hits aus Ibiza bis zum Morgengrauen feiern. Die besten DJs aus ganz Polen spielen hier ihre Musik. Auf der kleinen Bühne geben bei großen Partys halbnackte Go-Go-Tänzerinnen ihr Bestes. Die tollsten Partys gibt es freitags und samstags. Im Erdgeschoss befindet sich eine nette Lounge mit einem Biergarten davor. Perfekt für den Start in den Abend. Direkt nebenan ist auch das *White House* empfehlenswert. *Lounge tgl. 8.30–24 Uhr, Club Sa, So 22–5 Uhr | Plac Zdrojowy 1 | Sopot | www.uniqueclub.pl*

★ **Nowa Republika**
Tanz bis zum Morgengrauen
→ S. 77

★ **Opera Bałtycka**
Ohrenschmaus für Fans der klassischen Musik → S. 78

★ **Plac Zebrań Ludowych**
Open-Air-Konzerte mit polnischen und internationalen Topstars → S. 80

★ **Cafe Ferber**
Eine Pflichtadresse für alle Szenegänger → S. 80

★ **La Dolce Vita**
Hier ist das Leben süß. Genauso wie die Cocktails → S. 81

MARCO POLO HIGHLIGHTS

KINO

GDAŃSKIE CENTRUM FILMOWE (117 D4)

Das einzige Kino in der Altstadt (drei Säle), das Originalversionen zeigt. Der Neptunsaal bietet 1100 Plätze und Dolby-Digital-Surround-System. Daneben gibt es zwei kleine, aber gemütliche harmonie ist eine der größten und besten Orgeln Polens eingebaut. Kleinere Konzerte für bis zu 200 Zuhörer finden auf der Kammerbühne statt. Einzigartige Sommerkonzerte können Sie im Freilufttheater direkt an der Mottlau genießen. Es gibt aus der Altstadt keine direkte Verbindung mit der „Wasserstraßenbahn" zur auf der Bleihofinsel liegenden

Das passt! Klaus Kinskis Geburtshaus wurde nicht zum Museum, sondern zur Galeria Kiński

Säle: Kino Kameralne (130 Plätze) und Kino Helikon (70 Plätze). In den kleinen Sälen werden eher anspruchsvolle Filme in Originalversion mit Untertiteln aufgeführt. *Karte 15 Zł., Di 12 Zł. | Długa 57 | www.neptunfilm.pl*

KLASSIK

INSIDER TIPP FILHARMONIA BAŁTYCKA (117 E3)

Konzerte mit klassischer Musik, hervorragende Orgelkonzerte, Ausstellungen und Kongresse. Im großen Konzertsaal (1200 Plätze) der Frédéric-Chopin-Phil-

Philharmonie; Sie müssen den Umweg über die Speicherinsel und die ulica Szafarnia machen. *Ołowianka 1 | www.filharmonia.gda.pl*

OPERA BAŁTYCKA ⭐ (120 C6)

Hier werden die bekanntesten Opern aufgeführt: Romeo und Julia, Don Giovanni, Eugen Onegin. Das Haus hat eine lange Geschichte; 1645 ging hier die erste Aufführung eines Opernspektakels in Danzig über die Bühne. 476 Plätze. *Aleja Zwycięstwa 1/145 B | www.operabaltycka.pl | Straßenbahn 10, 12: Opera Bałtycka*

KNEIPEN & PUBS

BEDEKER (117 D4)
In einer gemütlichen Seitenstraße der Altstadt verfolgt man hier Fußballspiele live oder trifft sich bei einer Shisha (Wasserpfeife). An Wochenenden gibt es Livekonzerte. Die Küche bietet diverse Fusiongerichte an. Zwei Etagen. Bei warmem Wetter genießen Sie die Atmosphäre der Altstadt in einem der beiden Biergärten. *Mo–Do, So 1–23, Fr, Sa 13–2 Uhr | Kaletnicza 8–10 | www.bedekerclub.pl*

GALERIA KIŃSKI (119 E4) (*φ D6*)
Im Geburtshaus von Klaus Kinski befand sich die erste Apotheke in Sopot. Heute sind dort ein nettes zweistöckiges Café und eine Galerie untergebracht. Unter den echten Scheinwerfern fühlen Sie sich wie auf dem Set eines Films. An Kinski erinnert hier alles, selbst die Longdrinks heißen wie die Titel seiner Filme. Ewa und Andrzej Reichel, beide Bildhauer und Besitzer der Galeria, sind Fans von Kinski und seinem Schaffen, und mit ihnen können Sie (auf Englisch) stundenlang INSIDER TIPP über diese exaltierte Persönlichkeit diskutieren. Aufführungen von Kinski-Filmen, Fotoausstellungen und andere Veranstaltungen organisieren die beiden in ihrer Galerie ebenfalls. *Tgl. 16–3 Uhr | Kościuszki 10 | Sopot*

MON BALZAC (117 D4)
Gemütliche Eckkneipe direkt an der Marienkirche. Der romantische Innenraum mit roten Ziegelwänden ist ein perfekter Treffpunkt für ein Rendezvous. Donnerstags bis samstags werden Livekonzerte veranstaltet. Große Palette alkoholischer und alkoholfreier Getränke. Und essen können Sie auch: von Antipasti über Fondue bis zu vielen Süßspeisen. *Tgl. ab 8 Uhr | Piwna 36–39 | www.monbalzac.pl*

RED LIGHT (117 D4)
Durch eine rote Tür und durch rotes Licht geht's nach drinnen. Eine ideale Adresse, um einen Drink zu nehmen, um zu plaudern oder für einen Absacker. Unten auf einfachen Bänken oder oben auf weichen roten Sofas kommt hauptsächlich Bier in die Litergläser. Einen Martini on the rocks oder einen gigantischen Longdrink im 0,5-l-Format gibt's natürlich auch. Oft trifft man hier Studenten der Kunstakademie. *Mo–Do, So 19–2, Fr, Sa 19–4 Uhr | Chlebnicka 9–12*

INSIDER TIPP STACJA DE LUXE (120 C5)
Eine Tankstelle de luxe! Von der ehemaligen Tankstelle sind nur noch eine rote und eine gelbe Zapfsäule geblieben. Aber das reicht schon, um ab und zu einen Autofahrer in das industriell geprägte Ambiente zu locken, der tanken möch-

LOW BUDGET

▶ In Diskos und Clubs kommen, wie in Polen allerorten üblich, weibliche Besucher meistens kostenlos hinein.

▶ Auf den Ausgehmeilen ulica Długa, ulica Piwna und Bohaterów Monte Cassino in Sopot werden tagsüber und abends Gutscheine für die angesagtesten Läden verteilt.

▶ Wer sparen muss, trinkt in den Studentendiskos *(Kwadratowa, Żak)* und Pubs am besten Bier – das ist am günstigsten. Dienstags kostet es zum Beispiel im *Degustatornia* nur 3,50 Zł.! Außerdem Happy Hour *(Mo–Do 15–18 Uhr)*: polnisches Bier zum halben Preis. *Grodzka 16* **(117 E2)** *| www.degustatornia.pl*

te. Moderne, schwarz-rote Ferrarisitze dienen als Sessel, dazu passen Glastische und Glastheke. Hier werden Fußballspiele geguckt, oder man lauscht einem der regelmäßigen Livekonzerte (Breakbeat, Clubmusic). Frühstück, tagsüber leckeres Tagesmenü. *Tgl. 10–24 Uhr | Grunwaldzka 22 | www.stacjadeluxe.pl | Straßenbahn 10, 12: Miszewskiego|*

KULTURZENTREN

CSW ŁAŹNIA (117 E5)
Früher eine Badeanstalt für die Einwohner Danzigs, heute das profilierteste Ausstellungszentrum in der Dreistadt. Konzerte, Filmvorführungen, Workshops. Die besten polnischen Künstler, wie z. B. der prominente Maler Tomasz Ciecierski, präsentieren hier ihre Werke. *Di–So 12–18 Uhr, bei Veranstaltungen bis 22 Uhr | Eintritt 5 Zł. | Jaskółcza 1 | www.laznia.pl*

INSIDER TIPP ▶ IS WYSPA/INSTYTUT SZTUKI WYSPA ● (117 D1)
Auf dem Gelände der ehemaligen Lenin-Werft liegt heute „Die Insel". Die Veranstaltungen des Instituts sind eng mit dem Charakter des Orts und der historischen Rolle der Werft verbunden. Hier werden unabhängige Künstlerbewegungen sowie innovative Gegenwartskunst präsentiert. Interessante Installationen, kontroverse Ausstellungen, Aufführungen und Diskussionen sowie eine gut sortierte Buchhandlung. *Di–So 11–19 Uhr, bei Veranstaltungen bis 22 Uhr | Eintritt frei | Doki 1/145 B | www.wyspa.art.pl*

ŻAK (120 A4)
Kino, Theater, Galerie. Dazu gibt es auch Konzerte, DJ-Partys, Tanzkurse, Workshops und ein gemütliches Café – alles unter einem Dach. Der studentische Club Żak funktioniert bereits seit über 50 Jahren. Inzwischen treffen sich hier Leute jedes Alters. Coole Atmosphäre. *Büro tgl. ab 9 Uhr | Eintritt je nach Veranstaltung | Grunwaldzka 195–197 | www.klubzak.com.pl | Straßenbahn 10, 12: Wojska Polskiego*

OPEN AIR

PLAC ZEBRAŃ LUDOWYCH/SCENA MUZYCZNA GDAŃSK ⭐ (116 B1)
Jedes Wochenende im Sommer finden auf dem riesigen Platz Konzerte polnischer und internationaler Stars statt. Im Winter verwandelt sich der Platz in eine riesige überdachte Eisbahn. *Eisbahn (15. Okt.–März) 10 Zł./50 Min. | Al. Zwycięstwa (Brama Oliwska) 1 | www.scenamuzyczna.pl | Straßenbahn 10, 12: Brama Oliwska*

SZENETREFFS

CAFE FERBER ⭐ (119 E3) (🛍 D6)
Das moderne Ambiente dient tagsüber als Café, abends wird es zum Szenetreff. Am Wochenende diverse DJ-Sets. Die bunten Longdrinks genießt man entweder an der beleuchteten Theke oder in bequemen Sofas. Weitere Filiale in Danzigs ulica Długa. *Tgl. ab 9 Uhr | Bohaterów Monte Cassino 48 | Sopot | www.ferber.pl*

CAFE SZAFA (117 D3)
Schon nachmittags und bis zum Morgengrauen wird hier auf zwei Etagen geplaudert und getanzt. Szafa (Schrank) ist magischer Treffpunkt der Dreistadt. Rauchen erlaubt. Heiße Rhythmen und heiße Luft, denn spätestens um 23 Uhr bekommt die Klimaanlage Probleme. *Mo–Sa ab 15, So ab 16 Uhr | Podmurze 2 | www.cafeszafa.pl*

GAZETA ROCK CAFE (117 D3)
Szeneort und Rockmusikmuseum zugleich. Das Lokal befindet sich mitten

in der Altstadt im Keller der Zeitungs-redaktion der „Gazeta Wyborcza". Es ist ein Treffpunkt von Danziger Journalisten und Vertretern der Kulturwelt, die hier ein kühles Blondes zu Rockmusik trinken. *Mi–Sa ab 21 Uhr | Tkacka 7–8 | www.rock-cafe.pl*

LA DOLCE VITA ⭐ (117 D4)
La Dolce Vita ist „a place to be". Das spürt man sofort in diesem frisch eröffneten Danziger Club. Bei Longdrinks treffen sich unter anderem Studenten der Danziger Kunstakademie. Abends spielen hier bekannte DJs. *Tgl. 16–2 Uhr | Chlebnicka 2 | www.ladolcevita.pl*

INSIDER TIPP ▶ **MANDARYNKA**
(119 E3) (*ℳ D6*)
Drei Theken, drei Etagen, drei Stile. Rund um die Woche, besonders in der Saison, ist es hier rappelvoll. Design-Einrichtung. Tagsüber ist das Mandarynka Pub und Restaurant, abends Club. Darüber hinaus

finden während der ganzen Woche Ausstellungen und Konzerte statt. *Di–Do, So 12–2, Mo 13–1, Fr u. Sa 12–5 Uhr | Bema 6 | www.mandarynka.pl*

SOHO SOPOT ● (119 E3) (*ℳ D6*)
Vielfältiges Angebot. Partys mit den besten DJs aus ganz Polen, Ausstellungen und Filmvorführungen. Bartheken auf jeder Etage. Tanzfläche und Partyraum im Erdgeschoss. Gemütliche, fast familiäre Atmosphäre. *Tgl. 18–2 Uhr | Bohaterów Monte Cassino 61 | Sopot | www.sohosopot.pl*

YESTERDAY (117 D4)
Schick, schrill und farbenfroh. Modeschauen, Bühnenauftritte der bekanntesten polnischen Komiker und Tanzabende. Hier treffen sich Jugendliche, Studenten und Touristen. Speisen gibt's im Café. *Tgl. ab 21 Uhr; Café Mo–Do, So 11–24, Fr, Sa, 11–22 Uhr | Piwna 50–51 | www.yesterday-klub.pl*

DJ at work: Im Soho Sopot wird die Musik mit der Hand gemacht, könnte man sagen

ÜBERNACHTEN

Danzig ist seit eh und je bei Touristen beliebt, deswegen gibt es genügend Betten. Nach dem Zerfall des Kommunismus sprossen Anfang der 1990er-Jahre Hunderte kleiner Pensionen und Gasthäuser wie Pilze aus dem Boden; und auch die großen Kettenhotels sind inzwischen in Danzig vertreten.

Etwa 40 000 Übernachtungsplätze bietet die Stadt Danzig, und wegen der Fußball-Europameisterschaft 2012 sind es noch mehr geworden. Die meisten Hotels und Hostels besitzen ein Restaurant, zumindest für die Hotelgäste. In der Sommerzeit (vor allem Mitte Juli bis Mitte August) sollten Sie Ihr Hotel rechtzeitig buchen, um noch genügend Auswahl zu haben und sicher zu sein, dass Sie auch im gewünsch-

ten Hotel unterkommen. Unter *www. hotele-polskie.pl/gdansk.php* oder *www. hotelegdansk.pl* können Sie online suchen und reservieren. Besonders günstige Angebote finden Sie unter *www. booking.pl* oder *www.hotelewgdansku.eu,* Schnäppchen können Sie unter anderem bei *www.staypoland.com/hotele-gdansk. asp* machen.

HOTELS €€€

BONUM (117 D2)
Das typische Danziger Kaufmannshaus mit der frischen, lindgrünen Fassade liegt etwas abseits der Altstadt. Die Zimmer sind nicht groß, aber sonnig und komfortabel, an einigen Wänden wurden die originalen Ziegelsteine aus dem

Bild: Willa Litarion

Eine reiche Hotellandschaft erwartet Sie in Danzig. Kleine Pensionen und noble Hotels in der Altstadt, dazu Luxushotels am Stadtrand

18. Jh. belassen. Elegante weiße Möbel. In der Markthalle um die Ecke kaufen Sie frisches Obst und polnische Leckereien. *32 Zi. | Sieroca 3 | Tel. 5 83 26 07 50 | www.hotelbonum.pl*

HOTELS GDAŃSK & GDAŃSK YACHTING ⭐ (117 E4)
Ein Teil des Boutiquehotels befindet sich in einem renovierten Speicher. Weiß und Gelb mischen sich hier mit orangeroten Verzierungen und Elementen aus dunklem Holz. Großformatige Schwarz-Weiß-Fotos der Danziger Sehenswürdigkeiten schmücken die Wände. Sehr elegante Inneneinrichtung, komfortable Zimmer. Im zweiten, modernen Teil herrschen Seemannsfarben vor: weiß, rot, marineblau. Die Einrichtung der Zimmer soll an Schiffskajüten erinnern. Sehr schöner Spa-Bereich. Nur zehn Minuten Fußweg bis ins Herz der Altstadt. Ebenfalls im Speicher befindet sich das Brauerei-Restaurant Brovarnia Gdańsk. *96 Zi. und Apt. | Szafarnia 9 | Tel. 5 83 00 17 17 | www. hotelgdansk.com.pl*

INSIDER TIPP ▶ HOTEL HANZA (117 D3)*)*
Im Herzen der Altstadt, direkt an der Mottlau in historischer Umgebung gelegen. Geräumige Zimmer in Pastelltönen, mit viel Holz. XXL-Betten! Die großen Fenster lassen sehr viel Licht ins Zimmer und gewähren einen romantischen Aus-

stilvollen Kamin ist in leuchtendem Beige gehalten. Große Holzbetten. Edelrestaurant und Bar im Erdgeschoss. Das Hotel ist mit dem Gebäude der Frédéric-Chopin-Philharmonie verbunden. *30 Zi. | Ołowianka 1 | Tel. 5 83 26 11 11 | www. hotelkrolewski.pl*

Schlichte Eleganz und schöner Mottlau-Blick: Hotel Hanza

blick auf Fluss und Yachthafen. Die moderne Architektur und die weiß-braune Fassade des Hotels passen perfekt in die umliegende Bebauung. Sehr gutes Preis-Leistungs-Verhältnis. Sie können sich einen Laptop ins Zimmer bestellen. *60 Zi. | Tokarska 6 | Tel. 5 83 05 34 27 | www.hanza-hotel.com.pl*

HOTEL KRÓLEWSKI ⭐ (117 E3)
Das massive Gebäude mit vier Stockwerken, direkt am Wasser auf der Bleihofinsel, war eigentlich ein Geschenk an den polnischen König Kazimierz Jagiellończyk: Im 15. Jh. verpflichtete sich die Stadt Danzig, dem König einen prächtigen Speicher zu bauen. Der „Königliche Speicher" besitzt einen sehenswerten Dachfirst. Die Lobby mit einem

SOLEIL (119 E3) *(⊠ D6)*
Dieses kleine Boutiquehotel liegt in einer relativ ruhigen Parallelstraße der Bummelmeile Monte Cassino, in direkter Nähe zu vielen Klubs und nahe zum Strand. Jedes Zimmer hat eine andere moderne Einrichtung und andere Farben. Das Hotel bietet nur Frühstück an. Um hineinzukommen braucht man entweder einen Schlüssel, oder man muss klingeln, deswegen ist die Atmospäre ein bisschen wie im eigenen Haus. *7 Zi. | Pulaskiego 11/11 | Tel. 5 87 10 71 06 | www.hotel-sopot. com*

HOTEL WOLNE MIASTO (116 C3)
Die berühmtesten Sehenswürdigkeiten in Danzig liegen um die Ecke – nur fünf Gehminuten sind es bis in die Altstadt.

ÜBERNACHTEN

Die zauberhaften Zimmer – etwas klein, aber stilvoll in Goldtönen gehalten – tragen alle die Namen von Danziger Straßen oder Denkmälern. Wegen der nahen, viel befahrenen Straße kann es tagsüber etwas laut sein. *68 Zi. | Św. Ducha 2 | Tel. 5 83 22 24 42 | www.hotelwm.pl*

HOTELS €€

DOM SCHUMANNOW (117 D4)
Hier schlägt das Herz der Altstadt, aus jedem Fenster des „Schumann-Hauses" INSIDER TIPP schauen Sie direkt auf die Langgasse. Trotzdem genießen Sie hier Ruhe und Behaglichkeit in den hellen, im Renaissancestil eingerichteten Zimmern, die Sie in die Zeit der Danziger Bürgermeisterfamilie Schumann versetzen. Das freundliche Personal versorgt Sie mit guten Tipps. *9 Zi. | Długa 45 | Tel. 5 83 01 52 72 | www.domschumannow.pl*

KAMIENICA GOLDWASSER (117 D4)
Das kleine, gemütliche Hotel befindet sich direkt an der Langen Brücke, die Zimmer haben Blick auf den Mottlau-Kanal und den Yachthafen. Es gibt kleine Zimmer mit Terrasse und Zwei-Zimmer-Apartments mit Salon und Schlafzimmer, eingerichtet im skandinavischen Stil – Sie können aber auch ganz romantisch in einem XXL-Bett am Kamin einschlafen. Der deutsche Besitzer berät Sie gern, auch bei der Speisenauswahl im zum Hotel gehörenden Restaurant. *7 Zi. und Apt. | Długie Pobrzeże 22 | Tel. 5 83 01 88 78 | www.goldwasser.pl*

HOTEL SZYDŁOWSKI (120 C5)
Das Hotel liegt ganz zentral im Stadtteil Wrzeszcz, unweit vom Bahnhof. Sie wohnen direkt an der Hauptstraße zwischen Danzig und Sopot. Auch den Flughafen erreichen Sie von hier aus in wenigen Minuten. Traditionelle, saubere Zimmer.

Braune, glänzende Möbel passen gut zu den hellen Wänden. Nach einem aufregenden Tag können Sie sich in der Hotelsauna oder bei einer Massagebehandlung erholen. Zum Hotel gehört auch ein INSIDER TIPP nettes Café, in dem die von der Familie Szydłowski selbst gemachten Kuchen, Kekse und Torten serviert werden. *35 Zi. | Grunwaldzka 114 | Tel. 5 83 45 70 40 | www.szydlowski.pl*

INSIDER TIPP VILLA EVA (120 B5)
Nah am Wald des Dreistädtischen Landschaftsparks gelegen, wirkt die filigrane rosa Villa wie aus einem Märchen. Das schicke Innere, dem imposanten Wiener Sezessionsstil verpflichtet, besticht mit eleganten Palisandermöbeln, dekorativen Stoffen und stimmungsvoller

MARCO POLO HIGHLIGHTS

⭐ **Hotels Gdańsk & Gdańsk Yachting**
Boutiquehotels in einem alten Speicher mit einer Brauerei im selben Gebäude → S. 83

⭐ **Hotel Królewski**
„Musikalisches" Wohnen mit direktem Kontakt zur Künstlerszene der angrenzenden Philharmonie → S. 84

⭐ **Sea Towers**
Moderne Apartments in Gdynia – direkt am Meeresufer gelegen → S. 89

⭐ **Zajazd pod Olivką**
Familienatmosphäre im malerischen Landschaftspark → S. 88

⭐ **Dwór Oliwski**
Edles Landhaus und Refugium → S. 86

HOTELS €€

Beleuchtung. Die großzügigen, hellen Zimmer vermitteln einen Hauch von Luxus. Das gemütliche Restaurant mit den dekorativen Weinregalen bietet Spezialitäten der polnischen und internationalen Küche sowie eine umfangreiche Weinkarte. Prominente wie Günter Grass entziehen sich hier gerne dem Trubel der Stadt. *15 Zi. | Batorego 28 | Tel. 5 83 41 67 85 | www.villaeva.pl*

VILLA PICA PACA (117 E4)
Das Innere bietet mehr Luxus, als man von draußen vermuten würde. Jedes der mondänen Zimmer ist einer berühmten Person gewidmet; Sie wohnen im Apartment „Grace Kelly" oder „Galileo Galilei". Guten Schlaf garantieren die Kingsize-Betten, doch Ruhe findet man schon in den klaren Linien und den gedeckten, grünlich-grauen Tönen der Einrichtung

mit Bildern der Künstlerin Nina Soentgerath. Der Service lässt keine individuellen Wünsche offen. An der futuristischen Hotelbar treffen Sie hauptsächlich Gäste aus dem europäischen Ausland. *14 Zi. | Spichrzowa 20 | Tel. 5 83 20 20 70 | www.picapaca.com*

WILLA LITARION (117 E4)
Guter Ausgangspunkt, um die Altstadt zu erkunden und sich zwischendurch auch mal Ruhepausen zu gönnen. Das kleine Hotel liegt inmitten in einer Reihe von Kaufmannshäusern in der Nähe der Mottlau. Die Zimmer sind in Weiß gehalten mit Stoffakzenten in Schwarz und Bordeauxrot. Die Tiefgarage (30 Zł./24 Std.) ist für motorisierte Gäste ein großer Komfort, da in der Altstadt Parkplätze rar sind. *13 Zi. | Spichrzowa 18 | Tel. 5 83 20 25 53 | www.litarion.pl*

LUXUSHOTELS

Dwór Oliwski ⭐ (120 B3)
Auf einem Hof aus dem 17. Jh., mitten im Wald im alten Danziger Stadtteil Oliwa, liegt das stilvolle Dwór Oliwski. Die herrschaftliche Villa und die rekonstruierten weißen, reetgedeckten Fachwerkhäuser sind von einem bezaubernden Garten umgeben. Helle Farben, weiße Möbel im Kolonialstil, luftige Vorhänge und immer frische Blumen machen aus dem Hotel eine Ruheoase.
Ein Restaurant mit französisch inspirierter Küche, eine gemütliche Teestube sowie Bar und Weinkeller sind nur einige der Attraktionen. Tolle Sonntagslunch-Aktionen. Schwimmbad, finnische und türkische Sauna, Spa und Jacuzzi. *70 Zi. | ab 170 Euro inkl. Frühstück | Bytowska 4 | ca. 12 km vom Stadt-*

zentrum und nur mit Auto bzw. Taxi erreichbar | Tel. 5 85 54 70 00 | www.dwor-oliwski.com.pl

Hotel Podewils (117 E3)
Himmlische Ruhe im Herzen der Altstadt. Das Podewils ist ein nobles kleines Fünf-Sterne-Hotel am anderen Mottlau-Ufer. Am Kamin im Untergeschoss des Hotels fühlen Sie sich wie zu Hause. Jedes Zimmer unterscheidet sich nicht nur farblich von den anderen, auch die Einrichtungen haben jeweils ein anderes Motto. Edelholzmöbel, schwere Vorhänge und Stofftapeten bestimmen das Ambiente. Elegantes Restaurant mit großer Terrasse. *10 Zi. | ab 140 Euro inkl. Frühstück | Szafarnia 2 | Tel. 5 83 00 95 60 | www.podewils.pl*

HOTELS €

DOM AKTORA (117 D3)

Im Herzen der Altstadt blicken Sie durch die Fenster des „Schauspielerhauses" auf

von der Altstadt. Vor dem Hotel gibt es einen unbewachten Parkplatz. Im anderen Teil des prächtigen Gebäudes aus dem 19. Jh., der Musikhochschule, finden gelegentlich **INSIDER TIPP** Konzerte statt.

Gediegen und gemütlich: Die Lobby im Hotel Podewils empfängt den Gast mit dezentem Charme

die bezaubernde Gasse Straganiarska und die typischen Danziger Backsteinhäuser. Das Hotel erinnert mit seiner bescheidenen Einrichtung an den Beginn der 1990er-Jahre in Polen. Es gibt entweder dunkelbraune Doppelbetten oder Einzelbetten aus Kiefernholz. Weiß gestrichene Wände und bunte Tapeten, dazu türkische Teppiche. Sehr hell. Künstler erhalten 15 Prozent Rabatt! *13 Zi. | Straganiarska 55/56 | Tel. 5 83 01 59 01 | www.domaktora.pl*

DOM MUZYKA (117 E4)

Ein gutes Preis-Leistungs-Verhältnis zeichnet das „Musikhaus" aus. Die Zimmer sind relativ groß und weiß gestrichen; in den meisten von ihnen steht ein Schreibtisch. 15–20 Minuten zu Fuß trennen Sie

87 Zi. | Łąkowa 1–2 | Tel. 5 83 26 06 00 | www.dom-muzyka.pl

NOVOTEL GDAŃSK CENTRUM (117 D4)

Der große Hotelkomplex befindet sich in etwa 500 m Entfernung von den Danziger Sehenswürdigkeiten und Museen. Außer einem bequemen Bett gibt es in jedem Zimmer zusätzlich ein Schlafsofa und einen Schreibtisch. Im Restaurant *Garden Brasserie* gibt es polnische und internationale Küche. Das Hotel verfügt über einen bewachten Parkplatz. *158 Zi. | Pszenna 1 | Tel. 5 83 00 27 50 | www.orbis.pl/pl/gdansk*

VILLA BIAŁA LILIA (117 E4)

Das gemütliche Hotel in einem rekonstruierten Danziger Backhaus liegt nur fünf Minuten zu Fuß von der Altstadt entfernt. Manche der in hellen Farben gehaltenen Zimmer sind etwas eng, dafür aber sehr ruhig. Gute Adresse für einen kurzen Businessaufenthalt oder eine Besichtigungstour. Im Erdgeschoss des Hotels befindet sich eine Tiefgarage. *15 Zi. | Spichrzowa 16 | Tel. 5 83 01 70 74 | www.bialalilia.pl*

WILLA JAŚKOWY DWOREK (120 B6)
Das Hotel liegt im alten Villenviertel im Tal des Stadtteils Wrzeszcz – hier lernen

ZAJAZD POD OLIVKĄ ★ (120 B2)
Familienfreundliche Adresse, etwas abseits im Stadtteil Oliwa gelegen, in der Nähe des gleichnamigen Landschaftsparks. Trotzdem kommen Sie von hier aus schnell überall hin – zur Altstadt sind es kaum 15 Minuten, und auch der Zoo ist nur ein paar Minuten entfernt. Während es sich die Eltern auf der großen Gartenterrasse bei einem Glas Wein gemütlich machen, begeistert der hoteleigene Spielplatz die Kinder. Die Zimmer sind großzügig und modern, mit Fernse-

In einigen der großen Hotels hat man aus den oberen Etagen einen weiten Blick über Danzig

Sie das Wohngefühl der besser situierten Danziger kennen. In die Altstadt sind es nur 12 Minuten mit der Bahn. Dezente Farben: im ersten Stock Blau und Gelb, im zweiten Pastellgrün. In jedem Zimmer gibt es einen LCD-Fernseher, eine Arbeitsecke, in zwei Zimmern auch eine Küchenzeile. Der einfache Landhausstil zaubert heimelige Stimmung herbei; eine kleine finnische Sauna und eine gemütliche Bar sorgen ebenfalls für Wohlgefühl. *12 Zi. | Jaśkowa Dolina 57a | Tel. 5 87 18 86 75 | www.jaskowydworek.pl | ZTM-Bus 127, 129, 162: Na Wzgórzu*

her und viel Stauraum. Hotelrestaurant mit polnischen Spezialitäten. *21 Zi. | Kościerska 1a | Tel. 5 85 20 97 99 | www.podolivka.pl | ZTM-Bus 169: Cystersów, Reniszewo*

APARTMENTS

APARTMENTS
Studio-Apartments sowie Zwei- und Dreiraum-Apartments im Herzen der Altstadt. Frisch saniert und modern möbliert. Die Apartments sind mit allen nötigen Utensilien wie Bügeleisen, Waschma-

schine, Fön, Handtüchern und natürlich Geschirr ausgestattet. *34–45 m² ab 50 Euro für mindestens 2 Nächte | Straganiarska 52/54 m. 1; Grobla III 17/18; Ogarna 48/50 | Tel. 5 00 79 65 61 | www.apartamentygdansk.com*

SEA TOWERS ★ ☆ (118 C1) (*∅ D5*)
Moderne Apartments mit Blick über die ganze Bucht – bei gutem Wetter bis auf die Halbinsel Hel – im höchsten Gebäude an der polnischen Küste. Das 142 m hohe Haus direkt am Ufer dient teilweise als Hotel und bietet komplett ausgestattete Wohnungen in vielen verschiedenen Größen an. Im Komplex befindet sich ein Restaurant. Das Haus ist bewacht und verfügt über eine Tiefgarage. Für Partys wird der Klub in der höchsten Etage vermietet. *24 Apt. | 70–270 Euro | Hryniewickiego 6 | Gdynia | Tel. 6 00 99 45 94 und 6 08 50 23 33 | www.seatowersgdynia.pl und www.seatowers24.pl*

HOSTELS

BALTIC HOSTEL (117 D2)
Sowohl Studenten als auch Rentner meist aus dem Ausland sind hier zu Gast. „Privatzimmer" (2–4 Betten) ab 30 Euro, Mehrbettzimmer ab 10 Euro. Im Preis enthalten: Frühstück, Internetanschluss sowie Tee und Kaffee. Gute Lage, 10 Minuten zu Fuß vom Hauptbahnhof und der Rechtstadt. *19 Zi. | Wałowa 52 | Tel. 5 87 21 96 57 | www.baltichostel.com.pl*

INSIDER TIPP ▶ HOSTEL SŁONECZNY PATROL (119 D1) (*∅ D5*)
Helle, sonnige Zimmer mit eigenem Bad nahe am Strand und der Mole von Sopot. Sehr sauber und frisch saniert. Das Frühstück, Kaffeeservice, Bettzeug und Handtücher sind inklusive. Das Hostelgebäude ist bewacht und verfügt über einen eigenen Parkplatz. 50 Prozent Rabatt für Motorradfahrer. Zimmer ab 30 Euro/ Person. *7 Zi. | Sopot | Haffnera 90 | Tel. 7 22 02 16 05 | www.slonecznypatrol.com*

HOSTEL ZACHARIASZA ZAPPIO (117 D3)
Zimmer für eine bis sechs Personen in einem sanierten authentischen Haus aus der Zeit der Gotik. Früher gehörte das Haus direkt an der Johanneskirche dem bekannten Danziger Kaufmann Zachariasz Zappio. In dem Gebäude mit seinem schönen Garten und dem Blick auf die Kirche sind im Keller auch der *St. John's Pub* und ein Café untergebracht. Zimmer ab 9 Euro ohne Frühstück. *18 Zi. | Świętojańska 49 | Tel. 5 83 22 01 74 | www. zappio.pl*

LOW BUDGET

▶ *Gdańsk Hostel Targ Rybny:* In einem historischen Gebäude, direkt in der Altstadt, mit Blick auf altstädtisches Panorama und den Mottlau-Kanal. Nette, in Blautönen eingerichtete Zimmer ab 12 Euro, Einzelzimmer ab 20 Euro. *12 Zi. | Grodzka 21* **(117 E3)** *| Tel. 5 83 01 56 27 | www. gdanskhostel.com.pl*

▶ *Old Town Hostel:* In der Nähe der Altstadt, 10 Minuten mit der Bahn zum Hauptbahnhof. Zimmer ab 10 Euro inklusive Frühstücksbuffet, Küchenzugang. Schlafplätze für 2, 4, 6 und 8 Personen in hellen, sauberen Räumen mit Etagenbetten. Frisch renovierte Sanitäranlagen. Zu Gast sind hier hauptsächlich junge Leute aus den westlichen EU-Ländern. *7 Zi. | Długa Grobla 7* **(117 F4)** *| Tel. 5 83 51 31 31 | www.hostel.gda.pl*

STADTSPAZIERGÄNGE

Die Touren sind im Cityatlas, in der Faltkarte und auf dem hinteren Umschlag grün markiert

1

HAFENRUNDFAHRT, WEICHSELMÜNDUNG, WESTERPLATTE

Dieser Stadtspaziergang nimmt Sie mit auf eine Hafenrundfahrt, und Sie besichtigen die Festung Weichselmünde sowie die Halbinsel Westerplatte. Dauer: 4–5 Stunden. Unbedingt eine große Wasserflasche mitnehmen!

Besteigen Sie am **Grünen Tor** (Zielona Brama → S. 34) eins der Schiffe der Weißen Flotte und lassen Sie die Danziger Sehenswürdigkeiten gemächlich an sich vorbeiziehen. Bewundern Sie die typisch hanseatischen Bauwerke auf der linken Kanalseite sowie das schöne Gebäude der **Philharmonie → S. 78** mit dem Freilufttheater auf der rechten Seite. Dann folgen die Danziger Werft, die Nordwerft und der **Hafen**. Sie fahren an der **Festung Weichselmünde** (Twierdza Wisłoujście | Besichtigung nur in Gruppen | Mai–Okt. tgl. 10–19 Uhr | 8 Zł. | Tel. 5 83 51 22 44 | www.mhmg.pl) vorbei, die an der Weichselmündung direkt am Hafenkanal liegt. Leider können Sie hier nicht aussteigen. Wenn Sie die Festung besichtigen wollen, dann nehmen Sie an einem anderen Tag an einer Führung teil. Es lohnt sich! Die etwa 500 Jahre alte Festung ist sehr gut erhalten, unverkennbar ist der holländische Einfluss. Bis ins 18. Jh. diente sie der Verteidigung. Der Leuchtturm zeigte den Seeleuten den Weg nach Hause.

Nur wenige Minuten später hält das Schiff, und Sie können aussteigen auf die Halbinsel ● **Westerplatte → S. 53**.

Bild: Zwei Schlepper vor dem Mahnmal auf der Westerplatte

HERKULES II

Ansichten einer Stadt: Danzigs wechselvolle Geschichte und seine schöne Umgebung zu Fuß und mit dem Schiff erleben

Das Feuer, mit dem der deutsche Panzerkreuzer „Schleswig-Holstein" hier am 1. September 1939 um 4.45 Uhr morgens die polnische Stellung auf der Halbinsel belegte, markierte den Beginn des Zweiten Weltkriegs. Von den vier Wachhäusern auf der Westerplatte ist nur eins als kleines Museum erhalten. Wenn Sie ins INSIDER TIPP ▶ *Museum (Wachhaus Nummer 1 | Mjr. H. Sucharskiego | tgl. 9–19 Uhr | Eintritt 3 Zł. | www.mhmg.gda.pl)* hineingehen, sehen Sie ausgestellte Funkgeräte, Gewehre und Fotografien.

In einer großen Parkanlage gleich neben dem Museum finden Sie Gedenktafeln für die Gefallenen, Überreste der alten Befestigungen sowie ein über 20 m hohes Denkmal für die lediglich 182 Soldaten, die damals sieben Tage lang die Küste verteidigt haben.

Das Schiff, mit dem Sie gekommen sind, hält nur zehn Minuten, bevor es weiterfährt. Wenn Sie einen längeren Zwischenstopp einlegen wollen, müssen Sie das nächste Schiff abwarten. Das bringt Sie wieder zurück an Ihren Ausgangsort am Mottlau-Ufer. *Linie Gdańsk–Hafen–Westerplatte: Abfahrt 23. Juni–Aug. tgl. 10–14 Uhr jede volle Std., bei viel Betrieb auch 15 bzw. 16 Uhr; April–22. Juni u. Sept.–Nov. 10–14 Uhr jede volle Std. Das letzte Schiff fährt um 15 Uhr von der Westerplatte zurück, bei viel Betrieb auch 16 bzw. 17 Uhr | Fahrt 45 Zł. (Ticket ist den ganzen Tag gültig) | Tel. 5 83 01 49 26 | www.zegluga.pl*

DANZIGS ÄLTESTER STADTTEIL – OLIWA

Der Spaziergang führt Sie in den ältesten Stadtteil von Danzig, nach Oliwa. Sie kommen vorbei am Schlossgarten des Zisterzienserklosters, an einem Aussichtsturm und einer erzbischöflichen Kathedrale – mit Orgelkonzert. Nehmen Sie sich für diesen Spaziergang ruhig einen ganzen Tag Zeit. Straßenbahn 11: Endstation, ZTM-Bus 122: Oliwa Pętla Tramwajowa, SKM-Bahn: Oliwa Główna

Startpunkt ist der bezaubernde Schlossgarten ★ ● **Oliwski-Park** rund um das barocke Palais. Auf über 10 ha Fläche bummeln Sie am Bach entlang und wandern durch romantische grüne Alleen zwischen Teichen. Und wenn das Wetter schön ist, können Sie sich gemütlich auf einer der zahlreichen Bänke niederlassen und die schöne Umgebung genießen. Der Park *(April–Sept. tgl. 5–23, Okt.–März 5.30–18 Uhr)* wurde von Zisterziensermönchen als Schlossgarten angelegt. Inspiriert vom Architekten der Versailler Gärten, André Le Nôtre, entstand der barocke, französische Teil des Oliwski-Parks. Großen Einfluss auf die Gestaltung hatte auch Jan Jerzy Saltzmann, dessen Vater den Schlossgarten in Potsdam entworfen hat. Während Ihres Spaziergangs begegnen Sie im nördlichen Teil des Parks auch chinesischen

Einflüssen: kleine Tempel und Lauben, krumme, lauschige Pfade und imitierte wilde Flüsse.

Eine Attraktion des Parks ist das Palmenhaus, eine weitere das gelbe Rokokopalais **Pałac Opatów**. Ende des Zweiten Weltkriegs wurde es von den Nazis niedergebrannt und erst Mitte der 1960er-Jahre wieder errichtet. Heute befindet sich in dem Palais neben einem noblen Restaurant das **Nationalmuseum Zeitgenössischer Kunst** *(Muzeum Narodowe w Gdańsku | Cystersów 18 | Mai–Sept. Di, Mi, Fr–So 10–17, Do 12–19 Uhr, Okt.–April Di–Fr 9–16, Sa u. So 10–17 Uhr | Eintritt 10 Zł., Fr frei | www.muzeum.narodowe.gda. pl)*. Regelmäßig finden im Oliwski-Park **INSIDER TIPP** Open-Air-Konzerte mit klassischer Musik statt, darunter die sehr beliebte „Mozartiana" im August. Wundern Sie sich übrigens nicht, wenn Sie hier am Wochenende Brautpaaren begegnen: Im Stundentakt wird im Palais geheiratet.

Fünf Minuten vom Park entfernt steht die **Kathedrale** von Oliwa, die zum Bischofssitz der Diözese Danzig erhoben wurde *(Cystersów 16)*. Die Kathedrale mit den zwei charakteristischen Türmen gilt als eine der schönsten weltweit. Sie entstand ab 1350, und ihre 23 Altäre sind über die Jahrhunderte in verschiedenen Stilen geschaffen worden: Gotik, Renaissance, Barock und Rokoko.

Der größte Schatz dieser Kathedrale aber ist die weltberühmte ★ **Orgel** aus dem 18. Jh., ein Werk von Jan Wilhelm Wulf aus Orneta. Nicht nur ihr Klang, sondern auch die vielen barock verspielten Engel und Putten, die sie schmücken, werden Ihnen in Erinnerung bleiben. Regelmäßig gibt es hier kurze, etwa 20-minütige Orgelkonzerte *(immer zur vollen Stunde: Jan.–März 12, So 15; April 11, 12, So 15, 16; Mai 10–13, So 15, 16; Juni 10–16, Sa 10–15, So 15–17; Juli u. Aug. 10–17, Sa 10–15, So 15–17; Sept. 10–13, So 15, 16; Okt. 11, 12,*

So 15; Nov. u. Dez. 12, So 15 Uhr | kleine Spende erbeten).

Und wenn Sie nach dem Konzert noch etwas spazieren gehen wollen: Unweit der Kathedrale finden Sie auf dem **Karlsberg**

Oskar ist auch im heutigen Wrzeszcz kein Unbekannter. Sie werden ihm ab und zu begegnen auf Ihrem Spaziergang durch diesen Stadtteil der Kontraste, in dem zwischen funkelnden Shoppingcentern

Wunderbar eingepasst ins Gewölbe der Kathedrale von Oliwa ist ihre weltberühmte Orgel

auf genau 101 m Höhe den ⚓ Aussichtsturm **Pacholek** *(rund um die Uhr | Eintritt frei)*, von dem aus Sie die Landschaft rund um Oliwa bewundern können. 95 Stufen trennen Sie von dieser fantastischen Aussicht.

③ AUF DEN SPUREN VON GÜNTER GRASS IN WRZESZCZ

Im Danziger Vorort Wrzeszcz wurzelt die Kindheit von Günter Grass. Hier, im damaligen Langfuhr, wurde der Schriftsteller 1927 geboren, und hier ließ er später auch Oskar Mazerath aufwachsen, den kleinen großen Helden mit seiner Blechtrommel.

und grauen Wänden voller Graffiti, zwischen Vorstadtvillen und Studentenklubs urbanes Wachstum pulsiert: Hier in Wrzeszcz steht Danzig nicht unter Denkmalschutz.

Am schnellsten erreichen Sie Gdańsk-Wrzeszcz mit der Schnellbahn (SKM Trojmiasto) – vom Hauptbahnhof aus sind Sie in wenigen Minuten da. Verlassen Sie den kleinen Bahnhof auf der Gleisseite durch die Unterführung (Fotoapparat bereithalten, einige Graffiti hier sind echte Kunstwerke!), da der Spaziergang im nördlichen Teil des Stadtteils beginnt – im alten Langfuhr des Günter Grass.

Die Route führt zunächst vom Bahnhof durch die **ulica Wajdeloty**, die noch ziemlich grau wirkt, im Rahmen eines

Stadtentwicklungsprogramms in den nächsten Jahren aber zu einem repräsentativen Boulevard umgestaltet werden soll. Also nicht wundern, wenn auch hier gebaut wird – Wrzeszcz gilt mittlerweile als der am schnellsten wachsende Stadtteil Danzigs. An dem kleinen Kreisverkehr

winzigen Parterrewohnung, neben der seine Eltern einen Kolonialwarenladen betrieben.

Denkt man sich die Satellitenschüsseln weg, sieht es in der Lelewela beinahe noch aus wie einst im Labesweg. Noch immer hockt hier zwischen den grauen,

Ein Denkmal für Günter Grass: Auf dem Plac Wybickiego sitzt Oskar Mazerath und trommelt

biegen Sie nach links ab in die ul. Aldony, nach wenigen Metern den schmalen **Strzyża-Kanal** überquerend: Grass hat ihn als letzten Zufluss der toten Weichsel in mehreren seiner Danzig-Romane verewigt. An der ersten Querstraße halten Sie sich wieder links. Hier, in der **ulica Lelewela**, ist Günter Grass aufgewachsen. Am Haus Nr. 13 im Labesweg, wie die Straße vor dem Krieg hieß, erinnert eine kleine Tafel mit einem polnischen Zitat aus der Blechtrommel an den berühmten einstigen Bewohner der

um 1910 erbauten Arbeiterhäusern viel von jenem beengten kleinbürgerlichen Vorstadtmilieu, in dem Grass, seine eigene Kindheit reflektierend, Oskar Mazerath später gegen die spießige Welt der Erwachsenen antrommeln lässt. Die Stadtväter haben dem kleinen Romanhelden ein Denkmal gesetzt, Sie finden es wenige Meter weiter auf dem neu gestalteten **Plac Wybickiego**. Da sitzt der kleine Oskar seit 2003 auf einer Bank in einer Art offenen Laube neben dem Springbrunnen, ein bisschen verwachsen und natürlich mit seiner Trommel, nur dass die nun aus Bronze ist. Ein Trommelstock ist mittlerweile abgebrochen, doch das stört die Kinder nicht, die die Figur besonders mögen.

Ihm selbst auf dem umgestalteten Wybicki-Platz ein Denkmal zu bauen, wie es ursprünglich geplant war, hat sich der Literaturnobelpreisträger ausdrücklich verbeten. Man möge mit dem Geld den Bewohnern in der Lelewela lieber anständige Toiletten bauen.

Hinter den Bäumen des Platzes steht immer noch die klinkerrote, 1929 gebaute **Pestalozzi-Grundschule**. Günter Grass wurde hier eingeschult, später im Roman lässt er sie auch Oskar besuchen, allerdings nur für einen einzigen Tag.

Im heutigen Wrzeszcz, mit 65 000 Ew. längst eine Stadt in der Stadt, ist die Welt der Blechtrommel Geschichte. Niederlassungen internationaler Firmen und Banken prägen das Bild – wo Oskars kaschubische Großmutter Anna Bronsky „fresche Eierchen und Butter joldjelb" verkaufte, werben heute Lidl und McDonald's. In Wrzeszcz stehen die größten Einkaufscenter der Dreistadt, Shoppingtempel mit Ausmaßen von Flugzeughallen.

Auf dem weiteren Weg vom Wybicki-Platz durch die Aleja Legionów und dann, hinter dem großen Kreisverkehr, die belebte **ulica St. Wyspianskiego** entlang, erleben Sie ein ganz anderes, junges Danzig als das der alten Rechtstadt. Gleich hinter der Bahnunterführung biegen Sie rechts in die ulica Zator Przytockiego ein und sehen schon von Weitem den hoch aufragenden Turm der neogotischen, 1911 geweihten **Herz-Jesu-Kirche (Kościół Serca Jezusa)**. Hier wurde Günter Grass getauft, er hat das katholische Gotteshaus später in seiner Danzig-Trilogie verewigt. Ein Blick hinein lohnt sich. Im Seitenschiff steht jener

INSIDER TIPP Marienaltar, an dem Oskar Mazerath dem Christus seine Blechtrommel umhängte ...

Nach wenigen Metern haben Sie nun wieder den Bahnhof erreicht. Wenn Sie mögen, können Sie aber auch noch in einem zweiten Teil ihres Stadtspaziergangs den südlichen Teil von Wrzeszcz erkunden. Hier lohnt sich vor allem ein Abstecher in die **ulica Jastrowa Dolina**, erreichbar über die ulica M. Konopnickiej am Einkaufskomplex „Manhattan" vorbei. Dort, im früheren Jäschkenthaler Weg am Rand der grünen Moränenhügel, sehen viele prachtvolle Stadtvillen aus dem 18. und 19. Jh., als Langfuhr zum eleganten Wohnort der wohlhabenden Danziger avancierte. Ein besonders schöner Palast verbirgt sich in der Seitenstraße Pawlowskiego, auch die Backsteinvilla in der Jastrowa Dolina Nr. 19 fand schon zahllose Bewunderer.

Von dort ist es durch die ulica Akacjowa und die ulica Sobotki, wo noch die beiden Häuser der einstigen Freimaurerlogen stehen (Nr. 13 und 14), nicht weit bis zur **Technischen Universität Danzig**, einer der größten ihrer Art in ganz Polen. 20 000 Studenten lernen hier und prägen das Viertel rings um die lebhafte „Studentenstraße" **ulica Do Studzienki**. Sehenswert sind das 1904 eröffnete Hauptgebäude der Hochschule mit ihrer repräsentativen historischen Fassade, der Torso der Maschinenhalle und das moderne Audimax. Hinter dem Uni-Komplex beginnt der weitläufige **Akademische Park**, in dem ein „Lapidarium" alte deutsche Grabsteine von Danziger Friedhöfen bewahrt.

Wenn Ihnen der Fußweg in das Universitätsviertel zu anstrengend ist, nehmen Sie einfach den Stadtbus. Aus dem nördlichen Stadtteil fährt die Linie 2 direkt dorthin, aussteigen können Sie an der Haltestelle Opera Baltycka.

MIT KINDERN UNTERWEGS

AQUAPARK SOPOT (119 D1) *(∅ D5)*
Freie und überdachte Schwimmbecken, ein Wildwasserfluss, zwei riesige Stromschnellen und Wasserfälle bietet der Aquapark Sopot. Während Sie auf der Terrasse die Sonnenstrahlen genießen oder in einer der neun Saunas im ersten Stock des Erholungszentrums entspannen, schwimmt und spielt Ihr Kind unter den Augen eines Rettungsschwimmers. Jeden Morgen gibt es Schwimmunterricht für ganz kleine Kinder – zusammen mit den Eltern. Vor Ort befindet sich das Aqua-Restaurant. *Tgl. 8–22 Uhr | Schwimmbäder ohne Zeitlimit: tgl. 56 Zł., Kinder 50 Zł. | Zamkowa Góra 3–5 | Sopot | Tel. 5 85 55 85 55 | www. aquaparksopot.pl | SKM-Zug: Sopot Kamienny Potok*

BILDUNGSZENTRUM „DER HIMMEL-BLAUE LÖWE" (CENTRUM EDUKACJI BŁĘKITNY LEW) ⭐ (117 D5) *(∅ D7)*
Keine Ausstellung, in der Kinder sich langweilen! Das Museum befindet sich in dem gut erhaltenen Speicher „Der himmelblaue Löwe", der im 17. Jh. erbaut wurde. Auf rund 3000 m² Fläche und sieben Ebenen erleben Sie die mittelalterliche Stadt Danzig hautnah: Die Gerüche und Geräusche der Danziger Straßen

entführen Sie in vergangene Zeiten, der Klang der Kirchenglocken begleitet Sie ebenso wie der Lärm der Werkzeuge oder auch Tiergeräusche. Sie wandern durch verschiedene Stuben und können rekonstruierte Schuhmacher-, Gerber- und Schneiderwerkstätten und ein altes Apothekenlabor bestaunen. Ein mittelalterliches Badehaus, eine Prägeanstalt und eine typische Hansegasse können Sie ebenfalls besuchen. Das Bildungszentrum veranstaltet auch Kindertreffen mit leckerem Essen und Musketiershows. *Di–So 10–18 Uhr | Eintritt 10 Zł., Kinder 8 Zł. | Chmielna 53 | Tel. 5 83 20 31 88 | www.archeologia.pl | Straßenbahn 8, 13: Chmielna*

EXPERYMENT WISSENSCHAFTS-ZENTRUM (CENTRUM NAUKI EXPERYMENT) (U C2) *(∅ D5)*
Ein Paradies für kleine und größere Entdecker. Ihre Kinder führen hier alleine verschiedene Experimente durch und lernen so die interessantesten Gesetze der Physik und anderer Naturwissenschaften kennen. Durch ein professionelles Mikroskop erforschen sie Bakterien, lernen, die Spuren von Tieren zu identifizieren, erfahren etwas über die kostbare Ressource Wasser und vieles mehr. *Di–So*

Kinder mit und los! Schwimmen, reiten, klettern – und die Danziger Geschichte auf ganz besondere Weise erkunden

10–16 Uhr (Mi bis 20 Uhr) | Eintritt 6 Zł., Kinder 3 Zł. (bis 4 Jahre frei) | Gdynia Al. Zwycięstwa 96/98 | www.experyment. gdynia.pl | SKM Zug: Gdynia Redłowo

KINDERBETREUUNG (120 C2) (🗺 D6)
Sie wollen shoppen, aber Sie haben Ihre Kinder dabei? Kein Problem! Im Einkaufszentrum *Manhattan* gibt es im vierten Stock einen INSIDER TIPP speziellen Spielplatz für Ihre Kleinen. Eine Ecke mit Kinderbüchern und Spielzeugen, ein Becken mit kleinen bunten Bällen und Rutschen. Ihre Kinder werden gar nicht merken, dass Sie weg sind! *Mo–Sa 9–20.30, So 9–19.30 Uhr | Mo–Do 10 Zł./Std., Fr–So 14 Zł./Std. | Grunwaldzka 82 | Tel. 58 767 75 05 | www.gchmanhattan.pl | Straßenbahn 10, 12: Jaśkowa Dolina*

ZOOLOGISCHER GARTEN (OLIWSKIE ZOO) (120 B2) (🗺 D6)
Rund 220 einheimische und exotische Tierarten aus allen Kontinenten leben hier: Der Zoologische Garten in Oliwa hat rund 1100 Einwohner, darunter Affen, Elefanten, Geparden, Giraffen, Schlangen, Robben, viele bunte Vogelarten und noch viele, viele mehr. Die Tierwelt der Danziger Region bewohnt ein über 130 ha großes Waldgebiet. Sind Ihre Kinder noch sehr klein? Kein Problem, denn auf den gut gepflegten Wegen kommen Sie mit dem Kinderwagen gut voran. Eine fröhliche *Bimmelbahnrundfahrt (April–Sept. 45 Min. 9 Zł., Kinder unter 3 Jahren kostenlos | Tel. 5 83 43 48 77 | www. zoociuchcia.pl)* mit einem kundigen Führer macht nicht nur den Kindern Spaß – Sie müssen sich aber vorher anmelden. Der Zoo bietet auch Kutschfahrten und Ponyausritte für Kinder an. Wenn Sie keine Lust haben, Proviant mitzunehmen, können Sie in einem der Zoo-Bistros speisen. *Mai–Sept. tgl. 9–19, April/Okt. 9–17, Nov.–März 9–15 Uhr | Eintritt 15 Zł., Kinder 7,50 Zł. | Karwieńska 3 | Oliwa | www. zoo.gd.pl | ZTK-Bus 222, 622: Oliwa Zoo*

EVENTS, FESTE & MEHR

OFFIZIELLE FEIERTAGE

1. Januar *Neujahrstag;* **Ostersonntag; Ostermontag; 1. Mai** *Tag der Arbeit;* **3. Mai** *Jahrestag der Verfassung von 1791;* **Pfingstsonntag; Fronleichnam; 15. August** *Mariä Himmelfahrt;* **1. November** *Allerheiligen;* **11. November** *Jahrestag der Unabhängigkeit 1918;* **25./26. Dezember** *Weihnachten*

VERANSTALTUNGEN

JUNI

▶ *Gdańsk Music Summer:* eine Reihe von Konzerten, die an Sommerwochenenden stattfinden. Das erste Konzert ist immer am ersten Juni-Wochenende. *www.filhar monia.gda.pl*

▶ *Festiwal Dobrego Humoru:* Die letzten Junitage stehen ganz im Zeichen von guter Laune und Heiterkeit. Kabaretts, Karikaturausstellungen, Theatervorstellungen, dazu eine Gute-Laune-Parade und Auftritte von Comedians und Komikern.

▶ *Waldtheater:* eine Veranstaltungsreihe für klassische und ethnische Musik sowie für Poesie und Theatervorführungen. All das im wunderschönen Ambiente des Waldtheaters in der ulica Jaśkowa Dolina. Am ersten Juni-Wochenende geht es los.

JULI

▶ ★ *Baltic Sail:* Tausende Matrosen, Seefahrer und Segelschiffe u. a. aus Halmstad, Klaipėda, Karlskrona, Rostock und Lübeck besuchen im Juli vier Tage die Hansestadt Gdańsk. Bei einem bunten maritimen Programm kommen nicht nur Seebären auf ihre Kosten: zahlreiche Regatten, Schiffsparaden, Umzüge und Shanty-Konzerte. *www.balticsail.pl/de*

▶ *Open-Air-Theaterfestival FETA:* Sieben Tage dauert dieses internationale Festival der Freilicht- und Straßentheater. Jedes Jahr treten mehr als 300 Künstler aus Europa und Übersee auf. Ein Muss nicht nur für Theaterfreunde.

▶ ★ *Dominikanermarkt:* Der Dominikaner-Jahrmarkt ist die bekannteste Danziger Kulturveranstaltung und seit 1260 ein Fest der Kaufleute aus ganz Polen. Während des Jahrmarkts werden überall im Zentrum der Stadt riesige Zelte, Verkaufs- und Krämerstände aufgestellt. Die angereisten Händler bieten über zwei Wochen lang zwischen Ende Juli und Mitte August ihre Waren an und führen eine Tradition fort, die schon seit dem Mittelalter existiert. Drum herum gibt es zahlreiche Kulturveranstaltungen und jede Menge Livemusik.

Kulturelle Veranstaltungen stehen hoch im Kurs – doch auch Fans von Segel- und Kochkunst kommen nicht zu kurz

AUGUST

▶ *Danziger Jazznächte:* zwei Tage dauerndes internationales Jazzfestival, Hauptschauplatz ist die malerische Bühne der Waldoper in Sopot.

▶ *Festival der lyrischen Installationen:* Poesie in neuer, attraktiver Form! Bei diesem Festival wird die Dichtkunst um Musik- und Theatervorstellungen bereichert. Eine zauberhafte Mischung aus Lyrik und Klang.

▶ *Shakespeare Festival:* Immer in der ersten Augustwoche findet das internationale Shakespeare-Festival statt. Künstler aus aller Welt zeigen in Danzig und Umgebung Theater vom Feinsten.

SEPTEMBER

▶ *Vilnius-Jahrmarkt:* Im Zentrum von Danzig präsentiert Litauens Hauptstadt Vilnius am Monatsanfang drei Tage lang sich selbst, die litauische Kultur und traditionelle litauische Delikatessen.

▶ *Tall Ships Regatta:* Am Monatsanfang kommen die schönsten Segelboote aus der ganzen Welt nach Gdynia. Die Krönung ist eine Parade der Schiffe in der Danziger Bucht.

▶ *Festival Pierogów:* Maultaschen in Massen – da läuft einem das Wasser im Mund zusammen. Höhepunkt ist ein Wettkampf im Piroggen-Kleben. Viel Spaß und viele leckere Piroggen fürs Publikum.

DEZEMBER

▶ *Danziger Heiligabend (Gdańska Wigilia):* Traditionsgemäß wird der Heiligabend am 21. Dezember (!) in Danzig unter freiem Himmel gefeiert. Die mit weißen Decken bedeckten Tische biegen sich unter der Menge der aufgetragenen Köstlichkeiten. Besonders schön ist übrigens der ▶ **INSIDER TIPP** *Weihnachtsmarkt auf dem Kohlenmarkt (Targ Węglowy)*.

▶ *Jahreswende in Danzig:* Auf ein Neues! Der Jahreswechsel wird mit einem großen Konzert und einer atemberaubenden Feuerwerksshow begangen.

ICH WAR SCHON DA!

Drei User aus der MARCO POLO Community verraten ihre Lieblingsplätze und ihre schönsten Erlebnisse

HOLLAND HOUSE RESIDENCE

Das berühmte Krantor in Danzig, welches sehr malerisch am Ufer der Mottlau liegt, hinterließ einen bleibenden Eindruck bei mir: Dieses Tor mit doppelter Kranfunktion gehört zu den ältesten Hebeeinrichtungen dieser Art im damaligen deutschsprachigen Raum – sehr faszinierend. Von unserem Hotel *Holland House Residence (Długi Targ 33/34)* aus unternahmen wir jeden Abend einen kleinen Spaziergang dorthin. Das stilvoll eingerichtete Hotel befindet sich direkt in der Altstadt, viele Sehenswürdigkeiten sind bequem zu Fuß erreichbar. Auch der Bahnhof befindet sich in unmittelbarer Nähe. **Berliner aus Berlin**

STADT MIT WOHLFÜHLFAKTOR

Danzig mit seinen zahlreichen Sehenswürdigkeiten, Geschäften und Restaurants muss man einfach mögen. Vor allem die Marienkirche in der bezaubernden Altstadt fand ich hinreißend. Ganz in der Nähe besuchten wir das Restaurant *Piwinica Rajcow (Długi Targ 44)*. Ein tolles Lokal mit leckerem Essen und schöner Atmosphäre. **penag aus Aidlingen**

BALSAM FÜR DIE SEELE

Wer Lust auf eine leckere heiße Schokolade hat, dem kann ich nur das *Balsam Cafe (ul. Piwna 66)* ans Herz legen. Für den kleinen Hunger gibt es hier auch eine Auswahl an Snacks. Unser Kellner sprach deutsch und war sehr freundlich, auf unsere Bestellung mussten wir nicht lange warten. **Helle aus Pirmasens**

Haben auch Sie etwas Besonderes erlebt oder einen Lieblingsplatz gefunden, den nicht jeder kennt? Gehen Sie einfach auf www.marcopolo.de/mein-tipp.

EIGENE NOTIZEN

LINKS, BLOGS, APPS & MORE

LINKS

▶ mp.marcopolo.de/dan1 Was vom einst blühenden jüdischen Leben in Danzig und seinen Stadtteilen blieb und wo noch Spuren zu finden sind

▶ mp.marcopolo.de/dan2 Eine tolle Auswahl stimmungsvoller, ungewöhnlicher Danzig-Fotos – auch abseits der Touristenpfade

▶ mp.marcopolo.de/dan3 Nicht nur Günter Grass hat seine Heimatstadt literarisch verewigt, auch polnische Autoren zieht Gdánsk in seinen Bann, wie Brigitte Jäger-Dabek in ihrem Beitrag beschreibt

▶ guide.trojmiasto.pl Alles Sehenswerte der Dreistadt in der großen Übersicht. Praktisch: die Karte mit den schönsten Badestränden. Schön anzusehen: die Galerie mit 360-Grad-Panoramafotos

▶ www.marcopolo.de/danzig Alles auf einen Blick zu Ihrem Reiseziel: interaktive Karten inklusive Planungsfunktion, Impressionen aus der Community, aktuelle News und Angebote ...

BLOGS & FOREN

▶ forum.danzig.de Dieser virtueller Treffpunkt, gegründet von einem aus Danzig stammenden Deutschen, schlägt Brücken zwischen Danzig und Gdánsk, diskutiert wird immer fair und tolerant. Hier gibt's Antwort auf viele Danzig-Fragen

▶ mp.marcopolo.de/dan5 In ihrem Weblog hat die Schriftstellerin Sabrina Janesch unterhaltsam-sinnige Betrachtungen und Begegnungen ihrer Zeit als Stadtschreiberin von Danzig aufgeschrieben

▶ ibloggdansk.blogspot.de Agata (Übersetzerin und Fotografin) und Natalia (Journalistin) erzählen in ihrem iBlog „ganz und gar Subjektives aus ... hmm ... Gdánsk". Wo sich was anzugucken, zu essen, einzukaufen und auszugehen lohnt, da haben die beiden Danzigerinnen ihren ganz eigenen Geschmack (engl.)

Egal, ob Sie sich auf Ihre Reise vorbereiten oder vor Ort sind: Mit diesen Adressen finden Sie noch mehr Informationen, Videos und Netzwerke, die Ihren Urlaub bereichern. Da manche Adressen extrem lang sind, führt Sie der kürzere mp.marcopolo.de-Code direkt auf die beschriebenen Websites

VIDEOS & STREAMS

▶ mp.marcopolo.de/dan6 Wie der Reporter und Fotograf Michał Szlaga den Verfall der legendären Danziger Lenin-Werft erlebt – und gegen den Untergang anfotografiert

▶ mp.marcopolo.de/dan7 Der Königsweg als Fursuitwalk: In pelzige Tierkostüme gesteckt, tanzen acht Fursuiter durch die spätwinterliche Danziger Rechtstadt. Aufsehenerregend

▶ mp.marcopolo.de/dan8 Die Live-Webcam schwenkt über die Altstadt, weitere Livestreams haben den Yachthafen von Gdynia und die Sopoter Mole im Blick

▶ mp.marcopolo.de/dan9 Ewa und Marek Wojciechowski lassen das Gold der Ostsee im Danziger Bernsteinmuseum schimmern und leuchten

APPS

▶ Gdansk4u Das Portal bietet auf seiner Blue-Send-App unter anderem einen aktuellen Event-Kalender und viele Freizeitsport-Tipps

▶ gdansk life Umfangreiches Angebot mit Nighlife-Tipps einschließlich Sopot

▶ Dubbele Detaillierter und schneller Stadtplan mit Straßenverzeichnis, vor der Reise aufs Smartphone geladen, spart Roaming-Kosten. Man bewegt sich mit der mobilen Streetmap im Offline-Status durch die Stadt

▶ MARCO POLO Travel Guide Danzig leitet auch ohne Internetverbindung, Printführer und Stadtplan zuverlässig durch die Stadt. Sortiert nach den bewährten Kategorien Sehenswertes, Essen & Trinken, Am Abend, Übernachten und mehr

NETWORK

▶ www.couchsurfing.org Indivualreisende und Backpacker lernen über das Netzwerk auch in der Dreistadt gastfreundliche Insider kennen

▶ mp.marcopolo.de/dan10 Was es Neues gibt an Interessantem und Nebensächlichem in Danzig, twittert Konrad Pozorski in die Welt

▶ mp.marcopolo.de/dan11 In der Thorn Tree-Community von Lonely Planet gibt es über 900 Treffer, wenn Sie nach Danzig oder Gdańsk suchen

PRAKTISCHE HINWEISE

ANREISE

Aus Deutschland sind es je nach Startpunkt 400–1300 km nach Danzig. Die Hauptstrecken führen über Usedom/Świnoujście oder über die A11 bzw. die B104 bei Stettin. Polnische Autobahnen sind mautpflichtig. Meistens fahren Sie in Polen jedoch auf Landstraßen.

Die Anreise mit der Bahn innerhalb Polens dauert länger als die Autofahrt; über Berlin müssen Sie meistens zwei- bis dreimal umsteigen. Es gibt aber eine direkte Verbindung mit einem PKP-Schlafwagen von Berlin-Ostbahnhof über Tczew nach Danzig: *tgl., Abfahrt 21.21 Uhr, Ankunft 8.35 Uhr | Fahrpreis ab 90 Euro | www.pkp.pl, www.bahn.de*

GRÜN & FAIR REISEN

Auf Reisen können auch Sie mit einfachen Mitteln viel bewirken. Behalten Sie nicht nur die CO_2-Bilanz für Hin- und Rückflug im Hinterkopf *(www.atmosfair.de)*, sondern achten und schützen Sie auch nachhaltig Natur und Kultur im Reiseland *(www. gate-tourismus.de; www.zukunft-reisen.de; www.ecotrans.de)*. Gerade als Tourist ist es wichtig, auf Aspekte zu achten wie Naturschutz *(www. nabu.de; www.wwf.de)*, regionale Produkte, Fahrradfahren (statt Autofahren), Wassersparen und vieles mehr. Wenn Sie mehr über ökologischen Tourismus erfahren wollen: europaweit *www.oete.de*; weltweit *www.germanwatch.org*

Die Busfahrt aus Deutschland dauert je nach Abfahrtsort zwischen fünf und 20 Stunden. Tickets für z. B. Berlin–Danzig ab 70 Euro hin und zurück *(www. deutsche-touring.com, www.ats-reise service.de)*. Rückfahrt ab Busparkplatz am Hauptbahnhof Danzig.

Der *Lech-Wałęsa-Flughafen (www. airport.gdansk.pl)* liegt etwa 20 km nordwestlich von Danzig beim Ort Rębiechowo. Danzig wird u. a. von Centralwings, PLL LOT, Lufthansa, Air Berlin, Wizzair, Ryanair und OLT Jetair angeflogen. Z. B. Berlin–Danzig ab 12 Euro. Die ZTK-Busse 110 und 126 und der Nachtbus N3 fahren Sie für 3,40 Zł. (0,85 Euro) ins Zentrum *(www.ztm.gda.pl)*, der Airportbus *(www.airportbus.com.pl)* fährt für 9,90 Zł. (2,45 Euro). Ein Taxi in die Stadt kostet ca. 14 Euro (Zuschläge 22–6 Uhr sowie sonn- und feiertags).

AUSKUNFT

POLNISCHES FREMDENVERKEHRSAMT
Kurfürstendamm 71 | 10709 Berlin | Tel. 030 21 00 09 20 | www.polen.travel/de

Lerchenfelder Str. 2 | 1080 Wien | Tel. 01 52 47 19 10 | www.polen.travel/de-at

Polnische Botschaft | Elfenstr. 20A | 3000 Bern 16 | Tel. 031 3 58 02 10 | www. berno.polemb.net

GDAŃSKA ORGANIZACJA TURYSTYCZNA (GOT)
– Lech-Wałęsa-Flughafenterminal im Stadtzentrum: Heweliusza 13–17 | Tel. 5 85 26 88 00 | www.gdansk.pl

Von Anreise bis Zoll

Urlaub von Anfang bis Ende: die wichtigsten Adressen und Informationen für Ihre Danzig-Reise

– Tourismus-Infozentrum | Długi Targ 28–29 | Tel. 5 83 01 43 55 u. 5 86 83 54 85 | www.gdansk4u.pl
– Touristeninformation im PKP-Bahnhof: Podwale Grodzkie 1 | Tel. 5 87 21 32 88
– IT-Punkt im Lech-Wałęsa-Flughafen Rębiechowo: Słowackiego 200 | Tel. 5 83 48 13 68
– PTTK Gdańsk: Długa 45 | Tel. 5 83 01 13 43 u. 5 83 01 60 96 | www.pttk-gdansk.pl
– ROP PTTK IT (nur Juni–Aug.): Ogarna 76–77, Raum 2 | Tel. 5 83 06 38 65
– Touristisches Infozentrum Sopot: Dworcowa 4 | Sopot | Tel. 5 85 50 37 83
– Städtische Touristeninformation Gdynia: 10 Lutego 24 | Gdynia | Tel. 5 86 22 37 66

CAMPING

Direkt am Ostseeufer im Wald zwischen Danzig und Sopot liegt der Campingplatz Nr. 67, fünf Minuten zu Fuß vom Surfklub entfernt. In der Nähe finden Sie auch einen Minigolfplatz und einen Reiterhof. Der Platz wurde kürzlich grundsaniert. Auf dem Gelände gibt es einen Lebensmittelladen und ein kleines Restaurant. 15. Juni–Aug. | Bitwy pod Płowcami 73 | Tel. 5 85 51 65 23

Nur 50 m vom Aquapark Sopot und 300 m von der Ostsee entfernt liegt der Campingplatz Nr. 19 „Kamienny Potok". Auf dem Gelände gibt es ein kleines Restaurant und einen Spielplatz. Mai–Sept. | Zamkowa Góra 25 | Tel. 5 85 50 04 45

DIPLOMATISCHE VERTRETUNGEN

DEUTSCHES GENERALKONSULAT
Al. Zwycięstwa 23 | Tel. 5 83 40 65 00 | Notfall-Mobiltel. 6 01 67 69 49 (auf Deutsch) | www.danzig.diplo.de | Mo–Fr 8–11 Uhr

ÖSTERREICHISCHES KONSULAT
Ehrenkonsul Ryszard Krauze | Podolska 21 | Gdynia | Tel. 5 86 20 19 93 | Mo–Fr 10–12 Uhr

WÄHRUNGSRECHNER

€	PLN	PLN	€
1	4,20	1	0,24
3	12,55	5	1,18
5	20,95	20	4,70
7	29,30	30	7,10
10	41,90	70	16,50
25	104,75	150	35,40
40	167,60	250	59,00
90	377,15	600	141,50
150	628,55	900	212,20

SCHWEIZER BOTSCHAFT
Al. Ujazdowskie 27 | Warschau | Tel. 2 26 28 04 81-82 | www.eda.admin.ch/warsaw | Mo–Fr 9–12 Uhr

EINREISE

Für EU-Bürger und Schweizer reicht der Personalausweis (Identitätskarte) bzw. der Kinderausweis.

FAHRRÄDER

Danzig gilt als polnische Fahrradhauptstadt. Insgesamt gibt es über 30 km Fahrradwege. Auch ein Ausflug entlang der Danziger Küste zum Beispiel nach Sopot und Gdynia lohnt sich. Wollen Sie ein Fahrrad mieten, benötigen Sie

Personalausweis oder Führerschein und müssen ca. 40 Euro Kaution hinterlegen. Eine Stunde kostet ca. 2,50 Euro, die Tagesmiete (9–17 Uhr) beträgt ca. 10 Euro. Mehr Informationen unter *Tel. 5 83 20 61 69 | www.de.joytrip.eu, www. rowerownia.gda.pl*

WAS KOSTET WIE VIEL?

Kaffee	**1,50 Euro**	*für einen Espresso*
Wein	**ab 15 Euro**	*für ein Flasche Tischwein im Restaurant*
Imbiss	**5 Euro**	*für einen Toast mit Käse und Tomate*
Busfahrt	**0,85 Euro**	*für die Einzelfahrt*
Souvenir	**50–55 Euro**	*für eine Flasche Danziger Goldwasser*
Eintritt	**1,50–3 Euro**	*für den Zutritt zu den meisten Museen*

FUNDBÜRO

Biuro Reczy Znalezionych | Elblqska 54– 60, Raum B 208 | Mo–Fr 8–15 Uhr | Tel. 5 83 01 30 11-123

GELD & PREISE

Geldautomaten *(bankomat)* gibt es an so gut wie jeder Ecke. Die allermeisten Geschäfte, Restaurants und Hotels akzeptieren die gängigen Kreditkarten.

Die polnische Währung ist der Złoty (1 Złoty = 100 Groszy), sie ist frei konvertierbar, d. h., der Wechselkurs ändert sich. Dinge des täglichen Bedarfs sind meist günstiger als bei uns, Zigaretten

und Wodka viel günstiger; importierte Waren kosten genauso viel, sind teilweise aber auch teurer.

GESUNDHEIT

Vergessen Sie die Europäische Gesundheitskarte EHIC nicht. Diese bekommen Sie vor der Abreise einfach bei Ihrer Krankenkasse. Sollten Sie Arzt- oder Apothekengebühren zunächst bar bezahlen müssen, reichen Sie nach der Rückkehr die Belege bei Ihrer heimischen Kasse zur Erstattung ein. Im Notfall gehen Sie in eine Krankenhaus-Notstation *(pogotowie)*.

Falls Sie Zahnschmerzen bekommen, entscheiden Sie sich am besten für eine private Zahnklinik *(stomatolog/dentysta)*. Dort ist der Service wesentlich besser als bei den staatlichen Notaufnahmestationen. Diese Leistungen müssen Sie natürlich privat bezahlen, doch die polnischen Zahnärzte sind vergleichsweise günstig – bei Topleistungen. Danzig besitzt eine renommierte Zahnklinik: die *Klinika Stomatologiczna Dr. Marka Marcinkowskiego (Fieldorfa 17 | Tel. 5 83 02 98 34 und 5 83 20 73 80)*.

INTERNET

Informationen zu Danzig im Internet finden Sie u. a. bei *www.wolneforum gdansk.pl* oder *www.gdansk4u.com* (der City-Guide hat neben der touristischen Danzig-Grundversorgung aktuelle Eventtipps parat: Ausstellungen, Konzerte, Festivals)*; www.tpn-gdansk.info* (Website der Deutsch-Polnischen Gesellschaft in Danzig)*; www.herder.univ.gda.pl* (Website des Herder-Zentrums in Danzig)*; www.zwiedzanie.pieknygdansk.pl* (Stadtführer)*; www.e-gdansk.com* (Ausgehtipps)*; www.medienfabrik.pl* (Stadtführungen, Dolmetscherin).

INTERNETCAFÉS & WLAN

Hotspots gibt es in Danzig auf der ulica Długa, dem Długi Targ, der Długie Pobrzeże, dem Targ Węglowy sowie auf den Straßen Grobla I, Grobla II, Szklary und Tandeta.

In den meisten Hotels, Restaurants und Cafés in der Altstadt gibt es einen kostenlosen Internetzugang, in recht vielen Hotels auch über WLAN. Internetcafés gibt es relativ wenige: Das Café *Krewetka* (*Karmelicka 1 | Tel. 5 83 20 92 30*) hat lange geöffnet: *Mo–Sa 9–0.30, So 9.30–0.30 Uhr.*

KLIMA & REISEZEIT

Die schönste Zeit in Danzig ist der Sommer. Während es im Frühling noch richtig kalt oder sehr wechselhaft sein kann, ist es im Sommer angenehm. Ab Anfang Mai ist die Stadt sehr grün. In Juni bleiben die Temperaturen meistens noch unter 20 Grad. Im Juli und August steigen die Temperaturen dann auf 20–28 Grad. Temperaturen über 30 sind eher die Ausnahme, doch heiße Tage im Mai, Juni oder September sind keine Seltenheit. Der polnische Herbst ist leider oft regnerisch. Stimmungsvoll ist es auch im Winter. Die Stadt wird mit kleinen bunten Lampen verziert, und in jeder Kirche finden Sie eine andere, einzigartige Krippe. Im Winter kann es in Danzig richtig kalt werden, dann brauchen Sie unbedingt eine dicke Jacke, Mütze und Handschuhe.

MIETWAGEN

Einen Leihwagen, um beispielsweise die Kaschubei oder Masuren zu besuchen, finden Sie unter anderem bei: *Avis | Tel. 5 83 48 12 89 und 5 83 00 60 05 | www.avis.pl; Exel | Tel. 5 86 79 22 00 |* *www.exel.gda.pl; Piast Rental | Tel. 5 85 58 26 33 | www.piast-rental.com.pl.* Die Preise sind ähnlich wie in Deutschland. Wenn Sie schon von zu Hause aus buchen, ist es meistens günstiger.

NOTRUF

Polizei Tel. 997, Feuerwehr Tel. 998, Rettungswagen Tel. 999 oder einfach der *allgemeine Notruf: Tel. 112*

ÖFFENTLICHE VERKEHRSMITTEL

In der Altstadt selbst gibt es keine öffentlichen Verkehrsmittel. Bis zum Zentrum kommen Sie entweder mit der Straßenbahn *(tramwaj)* oder mit den ZTM/ZKM-Bussen *(autobus)*. Die Nachtbusse N1 bis N11 fahren von 23 bis 4.30 Uhr. Busfahrplan im Internet unter *www.ztm.gda.pl, www.zkm.pl*

Die Schnellbahn *SKM Trojmiasto* verbindet die drei Städte der Dreistadt untereinander, Ticket 2,40 Zł. *www.skm.pkp.pl* Ein „Metropol-Ticket", ein Kombiticket für Bus, Straßenbahn und Schnellbahn, gibt es ab 2,60 Zł., nachts 3,60 Zł., 24 Std. 14 Zł. *www.mzkzg.org*

ÖFFNUNGSZEITEN

Die meisten Geschäfte sind Mo–Fr 10–19, Sa 10–15 Uhr geöffnet; große Einkaufszentren tgl. 9–20 oder 21 Uhr. Kioske und Bäckereien schließen früher. Museen sind montags geschlossen; einige Restaurants und Clubs ebenfalls, oder sie haben kürzere Öffnungszeiten.

POST

Die Postämter *(poczta)* haben Mo 9–18, Di–Fr 11–18, Sa 9–13 Uhr geöffnet. Briefmarken *(znaczki)* bekommen Sie meistens auch am Kiosk *(kiosk)*. Eine Postkarte innerhalb Europas kostet 2,40 Zł.

STADTRUNDFAHRTEN

Danzig können Sie mit einem kleinen Bus besichtigen. *Treffpunkt: ul. Tkacka, Złota Brama/Katownia.* Nach telefonischer Absprache können die Passagiere (jeweils max. 5 Personen) auch an anderen Stellen in der Stadt abgeholt werden. Man zahlt in Euro oder Złoty direkt im Bus. Touren: Königsstrecke (30 Min., 25 Zł./ Pers.), Solidarność-Strecke (1 Std., 42 Zł./ Pers.), Solidarność und die wichtigsten Danziger Sehenswürdigkeiten (90 Min., 62 Zł./Pers.). Alle Touren werden auch deutschsprachig durchgeführt. *April–Okt. Melex Busrundfahrten | Tel. 5 09 90 19 75.* Am *Grünen Tor (Zielona Brama)* kaufen Sie Tickets zu mehrsprachigen Hafenrundfahrten *(tgl. 10–16 Uhr | 45 Zł. | www. zegluga.pl)*. Sie können sich auch eine

Stadtrundfahrt mit der Rikscha bestellen: *Tel. 6 00 13 85 04 und 5 83 04 72 18 | www.riksze.pl.*

STROM

Die Netzspannung beträgt 220 Volt.

TAXI

Taxis sind eine gute Alternative zu den öffentlichen Verkehrsmitteln, da sie relativ günstig sind: *5,95 Zł. Grundgebühr plus 1,89 Zł./km; 22–6 Uhr, sonn- und feiertags 2,08 Zł./km.* Bei einigen Taxiunternehmen gibt es 20–30 Prozent Rabatt, wenn Sie telefonisch bestellen. Die Zentralen: *Super Halo Taxi, Tel. 19191; Hallo Taxi, Tel. 196 66; City Plus Neptun, Tel. 196 86.*
Taxen können Sie auf der Straße anhalten (gelbes Licht auf dem Dach), oder Sie finden sie an den Hotels, an Taxiständen,

WETTER IN DANZIG

	Jan.	Feb.	März	April	Mai	Juni	Juli	Aug.	Sept.	Okt.	Nov.	Dez.
Tagestemperaturen in °C	1	2	5	10	15	19	22	21	18	12	7	3
Nachttemperaturen in °C	−3	−3	−1	3	7	11	14	14	11	7	2	−1
Sonnenschein Stunden/Tag	1	2	4	5	7	9	7	7	5	3	1	1
Niederschlag Tage/Monat	9	8	7	8	8	8	10	11	9	9	8	9

am Bahnhof und am Flughafen. Vorsicht bei Taxis, die zu keinem Unternehmen gehören! Diese Taxen haben meistens nur ein ganz kleines Taxischild auf dem Dach. Sie besitzen weder ein Firmenlogo noch Werbung. Achten Sie darauf, dass der Fahrer das Taxameter einschaltet. Fragen Sie schon beim Einsteigen, wie hoch der Betrag etwa sein wird, und weisen Sie darauf hin, dass Sie eine Quittung benötigen!

TELEFON & HANDY

Vorwahl nach Deutschland: *0049,* Österreich: *0043,* Schweiz: *0041,* danach die Ortsvorwahl ohne die erste Null. Vorwahl nach Polen: *0048,* dann die vollständige Nummer mit Ortsvorwahl, ohne Null dazwischen.

Wenn Sie in Polen innerhalb des Festnetzes telefonieren, wählen Sie erst die Ortsvorwahl (in Danzig 58) und dann die siebenstellige Festnetznummer. Bei Verbindungen von Handy zu Handy müssen Sie immer eine Null vorwählen.

Telefonzellen *(budka telefoniczna)* funktionieren mit Telefonkarten *(karta telefoniczna).* Diese erhalten Sie (Stückelung: 25–100 Einheiten) bei Kiosken, Tankstellen und Postämtern.

Die Mobilfunkanbieter *(www.orange.pl, www.plusgsm.pl, www.heyah.pl)* konkurrieren miteinander – checken Sie die Roamingtarife, oder kaufen Sie eine polnische Prepaidkarte. Prepaidkarten bekommen Sie bei den Mobiltelefonanbietern, an Tankstellen, in Internetcafés oder übers Internet. Alternative sind internationale Prepaidkarten.

TOILETTEN

Öffentliche Toiletten *(toaleta, WC)* sind mit einem Kreis für Damen und einem Dreieck für Herren gekennzeichnet.

TOURISTENKARTE

Mit der Karte „Gdańsk-Sopot-Gdynia-Plus" bekommen Sie Ermäßigungen in etwa 200 Einrichtungen (Ausstellungen, Restaurants, Pubs, Läden, Theater) in der ganzen Dreistadt. Die Touristenkarte beinhaltet außerdem die freie Nutzung der öffentlichen Verkehrsmittel in den drei Städten. *72-Std.-Karte 65 Zł., 24-Std.-Karte 35 Zł.* Verkaufsstellen: *Lech-Wałęsa-*

Das Kulturzentrum in der Leninwerft

Flughafen Rębiechowo | Słowackiego 200; PKP-Hauptbahnhof | Podwale Grodzkie 1; Lech-Wałęsa-Flughafen-Stadtterminal | Heweliusza 13–17; Tourismus-Infozentrum (Centrum Informacji Turystycznej) | Długi Targ 28–29

VERANSTALTUNGSTIPPS

Tagesaktuelle Termine finden Sie u.a. im „Aktivist": Die Zeitung liegt z.B. in Pubs und Kneipen kostenlos aus. *www.aktivist.pl*

ZOLL

Waren für den persönlichen Bedarf dürfen innerhalb der EU frei ein- und ausgeführt werden. Es gibt jedoch Limits: z.B. 90 l Wein, 110 l Bier, 10 l Spirituosen, 800 Zigaretten.

SPRACHFÜHRER POLNISCH

AUSSPRACHE

Im Polnischen werden Sätze oft in Abhängigkeit vom Geschlecht des Sprechers/der Sprecherin bzw. des/der Angesprochenen gebildet. In diesem Sprachführer gibt es daher in einigen Fällen zwei Varianten. Die jeweils erste ist die männliche, die zweite die weibliche Form.

AUF EINEN BLICK

ja/nein/vielleicht	tak (tak)/nie (njä)/może (moschä)
Bitte./Danke.	Proszę. (Proschän)/Dziękuję. (Dsiänkujä)
Entschuldigung!	Przepraszam! (Pschäprascham)
Darf ich ...?	Czy mogę ...? (Tschi moschä...?)
Wie bitte?	Słucham? (Suucham?)
Ich möchte .../Haben Sie ...?	Chciałbym/Chciałabym .../Czy ma pan/pani ...? (Chtschaubim/chtschauabim .../Tschi ma pan/panji ...?)
Wie viel kostet ...?	Ile kosztuje ...? (Ilä to koschtujä ...?)
Das gefällt mir (nicht).	To mi się (nie) podoba. (To mi schän (njä) podobba)
gut/schlecht	dobrze/źle (dobsche/schle)
kaputt/funktioniert nicht	rozbity/nie działa (rosbieti/njä dsiaua)
zu viel/viel/wenig	za dużo/dużo/mało (sa duscho/duscho/mawo)
alles/nichts	wszystko/nic (wschistko/niez)
Hilfe!/Achtung!/Vorsicht!	Ratunku!/Uwaga!/Ostrożnie! (Ratunnku!/Uwaga!/Ostroschnijä!)
Krankenwagen	karetka pogotowia (karätka pogotowija)
Polizei/Feuerwehr	policja/straż pożarna (policija/strasch poscharna)
Gefahr/gefährlich	niebezpieczeństwo/niebezpieczny (njäbjespietschenstwo/njäbjespietschni)

BEGRÜSSUNG UND ABSCHIED

Guten Morgen!/Tag!	Dzień dobry! (Dsijänj dobbri!)
Gute(n) Abend!/Nacht!	Dobry wieczór!/Dobranoc! (Dobbri wätschor!/Dobbranottz!)
Hallo!/Auf Wiedersehen!	Witam!/Do widzenia! (Witam!/Do widsenija!)
Tschüss!	Cześć! (Tschesch!)
Ich heiße ...	Nazywam się ... (Nasiwam schän ...)
Wie heißen Sie?	Jak pan/pani się nazywa? (Jak pan/panji schän nasiwa?)

Czy mówisz po polsku?

„Sprichst du Polnisch?" Dieser Sprachführer hilft Ihnen, die wichtigsten Wörter und Sätze auf Polnisch zu sagen

Wie heißt Du?	Jak się nazywasz? (Jak schän nasiwasch?)
Ich komme aus ...	Pochodzę z ... (Pochodsän s ...)

DATUMS- UND ZEITANGABEN

Montag/Dienstag	poniedziałek/wtorek (ponjädsiawek/wtorrek)
Mittwoch/Donnerstag	środa/czwartek (srodda/tschwartekk)
Freitag/Samstag	piątek/sobota (pijontekk/sobotta)
Sonntag/Werktag	niedziela/dzień roboczy (nijädsjäla/dsijänj robottschi)
Feiertag	dzień świąteczny (dsijänj swijontätschni)
heute/morgen/gestern	dziś/jutro/wczoraj (dsisj/jutro/wtschorai)
Stunde/Minute	godzina/minuta (goddsina/minuta)
Tag/Nacht/Woche	dzień/noc/tydzień (dsijänj/notts/tidsijänj)
Wie viel Uhr ist es?	Która godzina? (Ktura goddsina?)

UNTERWEGS

offen/geschlossen	otwarte/zamknięte (ottwarte/sammknijänte)
Eingang/Ausgang	wejście/wyjście (wejsjzijä/wijsjzijä)
Abfahrt/Ankunft	odjazd/przyjazd (oddjasd/pschijasd)
Toiletten/Damen/Herren	toaleta damska/toaleta męska (toaletta damska/mijänska)
(kein) Trinkwasser	Woda nie zdatna do picia/Woda pitna (Woda sdatna do pidija/Woda pitna)
Wo ist .. ?/Wo sind ...?	Gdzie jest ...?/Gdzie są ...? (Gsiä jäst ...?/Gdsiä song ...?)
links/rechts	na lewo/na prawo (na läwo/naprawo)
geradeaus/zurück	prosto/spowrotem (prossto/spawrottem)
nah/weit	blisko/daleko (blisko/daläko)
Bus/Straßenbahn	autobus/tramwaj (autobus/tramwaij)
U-Bahn/Taxi	metro/taxi (metro/taxi)
Stadtplan/(Land-)Karte	mapa miasta/mapa (mapa mijasta/mapa)
Bahnhof/	dworzec/lotnisko (dwaschez/lottnissko)
Fahrplan/Fahrschein	rozkład jazdy/bilet (roskwad jasdi/biljet)
Zug/Gleis	pociąg/tor (posijong/tor)
Bahnsteig	peron (päron)
Ich möchte ... mieten.	Chciałbym/Chciałabym wynająć ... (Chtschaubim/Chtschauabim winajonz ...)
ein Auto/ein Fahrrad	samochód/rower (sammachod/rower)
Tankstelle	stacja benzynowa (stazja besinowa)
Benzin/Diesel	benzyna/ropy (bensina/roppi)
Panne/(Auto-)Werkstatt	awaria/warsztat (awarija/warschtatt)

ESSEN UND TRINKEN

Reservieren Sie uns bitte für heute Abend einen Tisch für vier Personen.	Proszę zarezerwować dla nas na dziś wieczór jeden stolik dla czterech osób. (Proschän saräsärwowwatsch dla nas na dsisch wjätschur stollik na tschtäri ossobbi)
Die Speisekarte, bitte.	Czy mogę prosić kartę? (tschi moschä prossiz kartän?)
Könnte ich bitte ... haben?	Chciałbym/chciałabym ...? (Chtschaubim/Chtschauabim?)
Vegetarier(in)/Allergie	wegetarianin/wegetarianka/alergia (wegetarijanin/wegetarijanka/allergija)
Ich möchte zahlen, bitte.	Proszę o rachunek! (Proschän o rachunek!)

EINKAUFEN

Wo finde ich ...?	Przepraszam, gdzie jest ...? (Pschäprascham, gsiä jäst ...?)
Ich möchte .../Ich suche ...	Chciałbym/Chciałabym ... (Chtschaubim/Chtschauabim ...)
Apotheke/Drogerie	apteka/drogeria (apptjäka/drogerija)
Einkaufszentrum	centrum handlowe (zentrum handlowä)
Kiosk	kiosk (kiosk)
teuer/billig/Preis	drogo/tanio/cena (droga/tannio/zjäna)
mehr/weniger	więcej/mniej (wijänzej/mnijänj)
aus biologischem Anbau	produkt ekologiczny (produkt äkologitschni)

ÜBERNACHTEN

Ich habe ein Zimmer reserviert.	Zarezerwowałem/zarezerwowałam pokój. (Saräsärwowwawem/Ssaräsärwowwawam pockuj)
Haben Sie noch ...?	Czy ma pan/pani jeszcze ...? (Tschi ma pan/panji jäschtschä ...?)
Einzelzimmer	pokój jednoosobowy (pockuj jädnoossobbowi)
Doppelzimmer	pokój dwuosobowy (pockuj dwuossobbowi)
mit Frühstück/ Halbpension	ze śniadaniem/ze śniadaniem i kolacją (sä schnjadanjäm/sä schnjadanjäm i kolladzjon)
Vollpension	z pełnym wyżywieniem (s peunim wisiwijäniäm)
nach vorne	od frontu (odd frontu)
Dusche/Bad	prysznic/łazienka (prischnjiz/uasiänka)
Balkon/Terrasse	balkon/taras (balkon/taras)
Schlüssel/Zimmerkarte	klucz/karta (klutsch/karta)
Gepäck/Koffer/Tasche	bagaż/walizka/torba (bagasch/waliska/torba)

BANKEN UND GELD

Bank/Geldautomat	bank/bankomat (bank/bankomat)
Geheimzahl	kod PIN (kod PIN)

Ich möchte ... Euro wechseln.	Chciałbym/Chciałabym wymienić ... Euro. (Chtschaubim/Chtschauabim wimänjitsch ... Euro)
bar/ec-Karte/Kreditkarte	gotówka/karta płatnicza/karta kredytowa (gatuwka/karta puatnitscha/karta kreditowwa)
Banknote/Münze	banknot/moneta (banknot/moneta)

GESUNDHEIT

Arzt/Zahnarzt/Kinderarzt	lekarz/dentysta/pediatra (läkasch/dentista/pädiatra)
Krankenhaus/Notfall- praxis	szpital/pogotowie (schpital/pogotowwijä)
Fieber/Schmerzen	gorączka/ból (gorontschka/bul)
Durchfall/Übelkeit	rozwolnienie/nudności (roswolniäniä/nudnusjzi)
Schmerzmittel/Tablette	środek przeciwbólowy/tabletka (sroddeck pschäziwbulowi/tablättka)

TELEKOMMUNIKATION & MEDIEN

Briefmarke/Brief	znaczek pocztowy/list (snatschek potschtowi/list)
Postkarte	pocztówka (potschtuwwka)
Ich brauche eine Telefon- karte fürs Festnetz.	Potrzebna mi karta telefoniczna do telefonu domowe- go. (Potschebna mi karta telefonitschna do telefonu domowjägo)
Ich suche eine Prepaid- karte für mein Handy.	Szukam karty startowej do telefonu komórkowego. (schukam karti startowej do telefonu komurkowägo)
Wo finde ich einen Inter- netzugang?	Gdzie znajdę dojście do internetu? (Gdsä snajdjän dojszijä do internetu?)
Steckdose/Ladegerät	kontakt/ładowarka (kontakt/uadowarka)
Computer/Batterie	computer/bateria (komputer/baterija)
Internetanschluss/WLAN	dojście do internetu (dojszijä do internetu)/bezprzewo- dowy dostęp do internetu (bjespschäwodowi dostän do internätu)

ZAHLEN

0	zero (säro)	10	dziesięć (dsiäschänjtsch)
1	jeden (jädän)	11	jedenaście (jädännaschtchiä)
2	dwa (dwa)	12	dwanaście (dwanaschtchiä)
3	trzy (tschi)	20	dwadzieścia (dwadsiäschzia)
4	cztery (tschtäri)	50	pięćdziesiąt (pänjtschdsiäsjont)
5	pięć (pänjtsch)	70	siedemdziesiąt (schädämdsiäsjont)
6	sześć (schäschtsch)	100	sto (sto)
7	siedem (schädäm)	1000	tysiąc (tischonz)
8	osiem (oschäm)	1/2	jedna druga (jädna druga)
9	dziewięć (dsiäwänjtsch)	1/4	jedna czwarta (jädna tschwarta)

CITYATLAS

Die grüne Linie ▬▬ zeichnet den Verlauf der Stadtspaziergänge nach

Der Gesamtverlauf dieser Spaziergänge ist auch in der herausnehmbaren Faltkarte eingetragen

Bild: Danzigs Yachthafen

Unterwegs in Danzig

Die Seiteneinteilung für den Cityatlas finden Sie
auf dem hinteren Umschlag dieses Reiseführers

STRASSENREGISTER

Das Register enthält eine Auswahl der im Cityatlas dargestellten Straßen und Plätze

Droga o czterech pasach ruchu Vierspurige Straße	Road with four lanes Route à quatre voies
Droga przelotowa Durchgangsstraße	Thoroughfare Route de transit
Droga główna Hauptstraße	Main road Route principale
Drogi inne Sonstige Straßen	Other roads Autres routes
Ulica jednokierunkowa - Strefa ruchu pieszego Einbahnstraße - Fußgängerzone	One-way street - Pedestrian zone Rue à sens unique - Zone piétonne
Informacja - Parking Information - Parkplatz	Information - Parking place Information - Parking
Kolej główna z dworcami Hauptbahn mit Bahnhof	Main railway with station Chemin de fer principal avec gare
Kolej drugorzędna Sonstige Bahn	Other railway Autre ligne
Linia tramwajowa Straßenbahn	Tramway Tramway
Kościół zabytkowy - Pozostały kościół - Synagoga Sehenswerte Kirche - Sonstige Kirche - Synagoge	Church of interest - Other church - Synagogue Église remarquable - Autre église - Synagogue
Pomnik - Camping Denkmal - Campingplatz	Monument - Camping site Monument - Terrain de camping
Komisariat - Poczta Polizeistation - Postamt	Police station - Post office Poste de police - Bureau de poste
Szpital - Schronisko młodzieżowe Krankenhaus - Jugendherberge	Hospital - Youth hostel Hôpital - Auberge de jeunesse
Obszar zabudowany, budynek użyteczności publicznej Bebaute Fläche, öffentliches Gebäude	Built-up area, public building Zone bâtie, bâtiment public
Obszar przemysłowy - Park, las Industriegelände - Park, Wald	Industrial area - Park, forest Zone industrielle - Parc, bois
Cmentarz chrześcijański - Cmentarz żydowski Christlicher Friedhof - Jüdischer Friedhof	Christian cemetery - Jewish cemetery Cimetière chrétien - Cimetière juif
Spacery po mieśie Stadtspaziergänge	Walking tours Promenades en ville
MARCO POLO Highlight	MARCO POLO Highlight

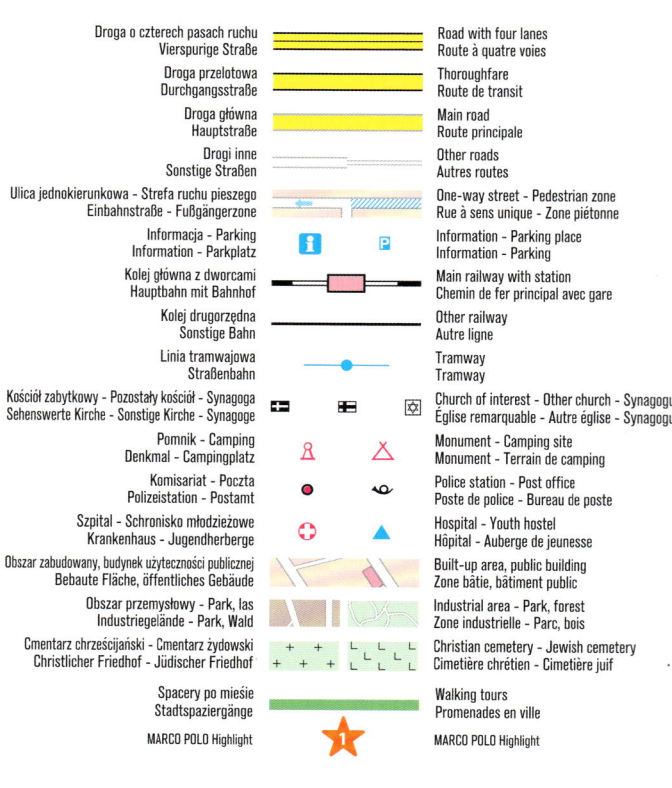

FÜR DIE NÄCHSTE REISE ...

ALLE **MARCO POLO** REISEFÜHRER

DEUTSCHLAND

Allgäu
Bayerischer Wald
Berlin
Bodensee
Chiemgau/
  Berchtesgadener
  Land
Dresden/
  Sächsische
  Schweiz
Düsseldorf
Eifel
Erzgebirge/
  Vogtland
Föhr/Amrum
Franken
Frankfurt
Hamburg
Harz
Heidelberg
Köln
Lausitz/
  Spreewald/
  Zittauer Gebirge
Leipzig
Lüneburger Heide/
  Wendland
Mecklenburgische
  Seenplatte
Mosel
München
Nordseeküste
  Schleswig-
  Holstein
Oberbayern
Ostfriesische Inseln
Ostfriesland/
  Nordseeküste
  Niedersachsen/
  Helgoland
Ostseeküste
  Mecklenburg-
  Vorpommern
Ostseeküste
  Schleswig-
  Holstein
Pfalz
Potsdam
Rheingau/
  Wiesbaden
Rügen/Hiddensee/
  Stralsund
Ruhrgebiet
Sauerland
Schwarzwald
Stuttgart
Sylt
Thüringen
Usedom
Weimar

**ÖSTERREICH
SCHWEIZ**

Berner Oberland/
  Bern
Kärnten
Österreich
Salzburger Land
Schweiz

Steiermark
Tessin
Tirol
Wien
Zürich

FRANKREICH

Bretagne
Burgund
Côte d'Azur/
  Monaco
Elsass
Frankreich
Französische
  Atlantikküste
Korsika
Languedoc-
  Roussillon
Loire-Tal
Nizza/Antibes/
  Cannes/Monaco
Normandie
Paris
Provence

**ITALIEN
MALTA**

Apulien
Dolomiten
Elba/Toskanischer
  Archipel
Emilia-Romagna
Florenz
Gardasee
Golf von Neapel
Ischia
Italien
Italienische Adria
Italien Nord
Italien Süd
Kalabrien
Ligurien/Cinque
  Terre
Mailand/
  Lombardei
Malta/Gozo
Oberital. Seen
Piemont/Turin
Rom
Sardinien
Sizilien/Liparische
  Inseln
Südtirol
Toskana
Umbrien
Venedig
Venetien/Friaul

**SPANIEN
PORTUGAL**

Algarve
Andalusien
Barcelona
Baskenland/
  Bilbao
Costa Blanca
Costa Brava
Costa del Sol/
  Granada

Fuerteventura
Gran Canaria
Ibiza/Formentera
Jakobsweg/
  Spanien
La Gomera/
  El Hierro
Lanzarote
La Palma
Lissabon
Madeira
Madrid
Mallorca
Menorca
Portugal
Spanien
Teneriffa

NORDEUROPA

Bornholm
Dänemark
Finnland
Island
Kopenhagen
Norwegen
Oslo
Schweden
Stockholm
Südschweden

**WESTEUROPA
BENELUX**

Amsterdam
Brüssel
Cornwall und
  Südengland
Dublin
Edinburgh
England
Flandern
Irland
Kanalinseln
London
Luxemburg
Niederlande
Niederländische
  Küste
Schottland

OSTEUROPA

Baltikum
Budapest
Danzig
Krakau
Masurische Seen
Moskau
Plattensee
Polen
Polnische
  Ostseeküste/
  Danzig
Prag
Slowakei
St. Petersburg
Tallinn
Tschechien
Ukraine
Ungarn
Warschau

SÜDOSTEUROPA

Bulgarien
Bulgarische
  Schwarzmeer-
  küste
Kroatische Küste/
  Dalmatien
Kroatische Küste/
  Istrien/Kvarner
Montenegro
Rumänien
Slowenien

**GRIECHENLAND
TÜRKEI
ZYPERN**

Athen
Chalkidiki/
  Thessaloniki
Griechenland
  Festland
Griechische Inseln/
  Ägäis
Istanbul
Korfu
Kos
Kreta
Peloponnes
Rhodos
Samos
Santorin
Türkei
Türkische Südküste
Türkische Westküste
Zákinthos/Itháki/
  Kefalloniá/Léfkas
Zypern

NORDAMERIKA

Alaska
Chicago und
  die Großen Seen
Florida
Hawai'i
Kalifornien
Kanada
Kanada Ost
Kanada West
Las Vegas
Los Angeles
New York
San Francisco
USA
USA Ost
USA Südstaaten/
  New Orleans
USA Südwest
USA West
Washington D.C.

**MITTEL- UND
SÜDAMERIKA**

Argentinien
Brasilien
Chile
Costa Rica
Dominikanische
  Republik

Jamaika
Karibik/
  Große Antillen
Karibik/
  Kleine Antillen
Kuba
Mexiko
Peru/Bolivien
Venezuela
Yucatán

**AFRIKA UND
VORDERER
ORIENT**

Ägypten
Djerba/
  Südtunesien
Dubai
Israel
Jordanien
Kapstadt/
  Wine Lands/
  Garden Route
Kapverdische
  Inseln
Kenia
Marokko
Namibia
Rotes Meer/Sinai
Südafrika
Tansania/
  Sansibar
Tunesien
Vereinigte
  Arabische
  Emirate

ASIEN

Bali/Lombok/Gilis
Bangkok
China
Hongkong/Macau
Indien
Indien/Der Süden
Japan
Kambodscha
Ko Samui/
  Ko Phangan
Krabi/Ko Phi Phi/
  Ko Lanta
Malaysia
Nepal
Peking
Philippinen
Phuket
Shanghai
Singapur
Sri Lanka
Thailand
Tokio
Vietnam

**INDISCHER OZEAN
UND PAZIFIK**

Australien
Malediven
Mauritius
Neuseeland
Seychellen

REGISTER

In diesem Register sind alle im Reiseführer erwähnten Sehenswürdigkeiten und Ausflugsziele sowie einige wichtige Persönlichkeiten aufgeführt. Gefettete Seitenzahlen verweisen auf den Haupteintrag.

SCHREIBEN SIE UNS!

SMS-Hotline: 0163 6 39 50 20

E-Mail: info@marcopolo.de

Egal, was Ihnen Tolles im Urlaub begegnet oder Ihnen auf der Seele brennt, lassen Sie es uns wissen! Ob Lob, Kritik oder Ihr ganz persönlicher Tipp – die MARCO POLO Redaktion freut sich auf Ihre Infos.
Wir setzen alles dran, Ihnen möglichst aktuelle Informationen mit auf die Reise zu geben. Dennoch schleichen sich manchmal Fehler ein – trotz gründ-

licher Recherche unserer Autoren/innen. Sie haben sicherlich Verständnis, dass der Verlag dafür keine Haftung übernehmen kann. Kontaktieren Sie uns per SMS, E-Mail oder Post!

MARCO POLO Redaktion
MAIRDUMONT
Postfach 31 51
73751 Ostfildern

IMPRESSUM
Titelbild: Mottlau-Ufer und Krantor (Huber: Schmid)
Fotos: DuMont Bildarchiv: Hirth (5, 33, 44, 98/99); ©fotolia.com: Martina Topf (16 M.); R. Freyer (Klappe r., 2 M.u., 18/19, 23, 24 r., 26/27, 40, 42, 48, 52, 90/91, 103); Huber: Schmid (1 o.); ©iStockphoto.com: Dragan Trifunovic (16 o.); Klub Muzyczny Ucho: Tomek Zerek (17 o.); Laif: Eisermann (24 l.), Gerber (46), Schwelle (76, 94); Look: age fotostock (88); mauritius images: Alamy (10/11, 66 r., 98); M-city: Mariusz Waras (17 u.); Original Burger (16 u.); T. Stankiewicz (2 o., 2 M. o., 2 u., 3 M., 3 u., 4, 6, 7, 8, 20, 25, 30, 50, 56, 57, 58/59, 60, 63, 64, 66 l., 67, 70, 72, 74/75, 78, 81, 82/83, 84, 87, 93, 96/97, 97, 102 o., 102 u., 109); Transit-Archiv: Hirth (Klappe l., 3 o., 9, 12/13, 15, 34, 36, 38/39, 55, 68/69, 96, 99, 114/115); K. Tuszyńska u. T. Plath (1 u.)

2. Auflage 2013
Komplett überarbeitet und neu gestaltet
© MAIRDUMONT GmbH & Co. KG, Ostfildern
Chefredaktion: Michaela Lienemann (Konzept, Chefin vom Dienst), Marion Zorn (Konzept, Textchefin)
Autoren: Katarzyna Tuszyńska, Thoralf Plath, Mitarbeit: Knuth Krohn; Redaktion: Arnd M. Schuppius
Verlagsredaktion: Anita Dahlinger, Ann-Katrin Kutzner, Nikolai Michaelis; Bildredaktion: Gabriele Forst
Im Trend: wunder media, München
Kartografie Reiseatlas: © MAIRDUMONT, Ostfildern; Kartografie Faltkarte: © MAIRDUMONT, Ostfildern
Innengestaltung: milchhof:atelier, Berlin; Titel, S. 1, Titel Faltkarte: factor product münchen
Sprachführer: in Zusammenarbeit mit Ernst Klett Sprachen GmbH, Stuttgart, Redaktion PONS Wörterbücher
Das Werk einschließlich aller seiner Teile ist urheberrechtlich geschützt. Jede urheberrechtsrelevante Verwertung ist ohne Zustimmung des Verlags unzulässig und strafbar. Das gilt insbesondere für Vervielfältigungen, Übersetzungen, Nachahmungen, Mikroverfilmungen und die Einspeicherung und Verarbeitung in elektronischen Systemen.
Printed in China

BLOSS NICHT ☝

Tipps, um ein paar Fallen im polnischen Alltagsleben zu entgehen

KEIN GENTLEMAN SEIN

Polnische Frauen sind echte Damen. Sie sind es gewöhnt, als Erste durch die Tür oder in den Aufzug gelassen zu werden. Männer, die ihnen nicht den Vortritt lassen, werden schnell als Machos abgestempelt. Ein Gentleman hilft beim Ablegen oder Anziehen des Mantels. Bei einem feierlichen Abendessen ist das fast Pflicht! Viel lockerer geht es allerdings unter jüngeren Leuten zu.

ÜBER EINEN HANDKUSS WUNDERN

Mit Handkuss wurden polnische Frauen früher oft begrüßt. Es kommt heute noch vor, dass ältere polnische Männer Frauen auf diese Weise empfangen. Unter der jungen Generation gilt diese Geste als veraltet, oft als lächerlich. Wundern Sie sich dennoch nicht über einen angedeuteten, quasi gehauchten Handkuss.

ZU GEIZIG SEIN

Deutsche Touristen gelten in Polen als besonders knauserig. Hier gibt man mindestens 10–15 Prozent Bedienungsgeld. Wenn der Kellner weg ist, lassen Sie das Trinkgeld auf dem Tisch liegen.

GETRENNT BEZAHLEN

In Danziger Restaurants ist klar: Die Bezahlung wird unter den Leuten am Tisch geregelt. Der Kellner stellt einen Beleg aus und erwartet den Gesamtbetrag. Die Bitte um getrennte Rechnungen kommt nicht gut an.

ZU ZÖGERLICH AM ZEBRASTREIFEN SEIN

Sie wollen die Straße am Fußgängerüberweg überqueren, aber kein Auto lässt Sie durch? Trauen Sie sich, beherzt einen Schritt auf den Zebrastreifen zu machen, sonst hält kein Auto an, und Sie warten eine Ewigkeit.

OBEN OHNE

Polen ist ein von katholischen Moralvorstellungen geprägtes Land. Wer oben ohne am Strand sitzt, bricht ein Tabu. Zwar existiert kein gesetzliches Verbot, aber man sollte die Traditionen des Gastlands respektieren.

GLEICH DUZEN

Eine fremde Person gleich zu duzen gehört sich nicht. Damit sich niemand beleidigt fühlt und die Stimmung nicht im Keller landet, sprechen Sie sich mit Herr Tadeusz oder Frau Katarzyna an, also Herr/Frau plus Vorname! Nicht mit Nachnamen wie in Deutschland.

EINFACH EINEN ESPRESSO BESTELLEN

Da in Polen immer noch Filterkaffee am populärsten ist, serviert man Ihnen, wenn Sie Espresso bestellen, aus Unkenntnis oftmals einen solchen oder überbrüht die gemahlenen Bohnen einfach mit kochendem Wasser – ganz traditionell. Fragen Sie also beim Bestellen sicherheitshalber genau nach.